La fragilité,
faiblesse ou richesse ?

La fragilité, faiblesse ou richesse ?

avec

Marie Balmary, Lytta Basset,
Xavier Emmanuelli, Éric Geoffroy,
Jean-Marie Gueullette, Elena Lasida,
Lama Puntso, Bernard Ugeux, Jean Vanier

Albin Michel

Série « Rencontres » sous la direction
de Jean Mouttapa

Ces actes du colloque organisé par l'Institut de science et de théologie des religions de Toulouse (ISTR), en association avec L'Arche, et publiés par les Éditions Albin Michel, constituent le numéro 14 des Cahiers de l'ISTR.

AVANT-PROPOS

En 2009, l'Institut de science et de théologie des religions de l'Institut catholique de Toulouse s'associait à L'Arche de Jean Vanier pour l'organisation d'un colloque sur le thème de la fragilité. C'est le président de L'Arche en France, Erik Pillet, qui me le proposa, mû par la conviction que l'expérience vécue à L'Arche auprès des personnes handicapées mentales avait une portée universelle. Un thème dont il savait qu'il était au centre de mes recherches. Mais jamais ni lui ni moi n'aurions imaginé que ce thème rassemblerait, pour le colloque que nous avions décidé de lui consacrer, autant de monde et d'énergies, tant de partenaires pour l'organisation que d'équipes de bénévoles. Ce furent pourtant près de mille personnes qui vinrent à Toulouse les 24 et 25 janvier 2009, pour réfléchir et partager sur la fragilité, au cœur de la tempête qui ravageait alors le sud-ouest de la France. Nous nous sommes ainsi retrouvés ces jours-là dans le grand amphithéâtre de l'université des sciences sociales de Toulouse, tandis que les vents mugissants nous donnaient l'impression – selon un participant – d'être réfugiés dans une Arche de Noé menacée de partout. La fragilité en devenait palpable.

Pourquoi parler de fragilité ? Peut-être pour souligner les nombreux paradoxes qui soutiennent le monde actuel. Notre société aspire à davantage de solidarité mais produit davantage d'exclusion. Tout se passe comme si la jeunesse, la santé, le succès et une intégration réussie étaient les conditions nécessaires pour bénéficier de la reconnaissance de tous. Or chacun d'entre nous fait un jour l'expérience de sa propre fragilité. Parler de la fragilité, c'est donc reconnaître que le rapport entre nos forces et nos faiblesses fonde toute vie et influence notre relation à l'autre et à nous-mêmes. C'est affirmer que la dimension humaine d'une société se mesure à la manière dont elle traite la fragilité de ses membres. C'est vouloir comprendre nos réactions face à la faiblesse et à la vulnérabilité. C'est identifier les impasses d'une négation de nos fragilités. Une relation adulte et sereine face à la fragilité peut susciter la créativité et contribuer à un monde de paix.

Nous avons voulu, pour explorer cette thématique et percer ses enjeux, associer une diversité d'expertises théoriques et des expériences de terrain, toutes présentées par des personnes réellement engagées dans ce domaine. En outre, il était important de donner un caractère pluridisciplinaire à cette réflexion commune. Enfin, nous tenions à ce que plusieurs champs d'application soient honorés, même si nous ne pouvions pas prétendre à l'exhaustivité.

Nous avons fait appel à de grands intervenants, d'expertises et d'expériences complémentaires. Chacun avait la capacité de croiser divers champs de réflexion ou de recherche. Pour Xavier Emmanuelli, c'est, outre son profond souci de l'humanité, sa longue expérience à la fois de médecin urgentiste et celle de la fondation du Samu social, où il a développé une approche radicalement nouvelle de l'aide aux exclus. Marie Balmary, quant à elle, croise depuis de nombreuses années la pratique psychanalytique avec des études bibliques fouillées dans divers groupes de recherche. Jean Vanier est habité par sa longue expérience avec les personnes handicapées dans le cadre de L'Arche qu'il a fondée il y a quarante-cinq ans. Elena Lasida a fait des croisées culturelles, disciplinaires, le terreau de ses recherches en économie et en théologie. Enfin Lytta Basset, théologienne et écrivain, s'appuie sur sa propre expérience de fragilisation et de reconstruction, éclairée par la théologie. Aux grandes conférences se sont ajoutées des contributions plus courtes sur des thèmes spécifiques. Nous en avons retenu quatre. Celle de Jean-Marie Gueullette, prêtre et médecin, évoque avec réalisme la fragilité du soignant. Quant aux interventions de Lama Puntso (bouddhisme tibétain), Bernard Ugeux (christianisme) et Éric Geoffroy (islam soufi), elles introduisent à la fragilité selon diverses traditions religieuses, dans la ligne du dialogue interreligieux que promeut l'ISTR.

Il est rare qu'un colloque interdisciplinaire de ce niveau se penche sur la fragilité vécue plutôt que sur la performance ou sur des thèmes de haute complexité académique. Les experts eux-mêmes n'ont pas utilisé de langue de bois et se sont impliqués dans leur parole. Cela permet à chacun de se sentir rejoint dans ses propres questionnements et son propre cheminement. Et même l'authenticité des expériences, la profondeur de chaque témoignage sont une invitation à aller à la rencontre de sa propre fragilité et donc de l'autre.

Car la fragilité n'a jamais été abordée comme une fin en soi : qu'il s'agisse de la dramatiser et de s'y enfermer ou qu'il s'agisse de la valoriser et d'en être fasciné. Au contraire, la tonalité d'ensemble est bien celle d'une grande lucidité face à ce thème et d'un profond réalisme. Une lucidité qui va jusqu'à se servir de l'humour ; Marie Balmary plaça une partie du colloque sous la béatitude empruntée à Michel Audiard : « Bienheureux les fêlés car ils laisseront passer la lumière ! »

Ce qui ressort de cette confrontation des points de vue, c'est que nous sommes tous concernés à un degré ou l'autre par la fragilité. En effet, nous sommes des êtres humains en devenir, donc incomplets et toujours en développement, vivant la complémentarité des dons et des compétences. En outre, tous, à un moment ou un autre, nous avons vécu des étapes de fragilité, depuis l'expulsion du ventre maternel – et pour certains dès le stade intra-utérin – jusqu'à notre vie actuelle. Par ailleurs, nous vivons en Occident dans des sociétés où la performance et la compétitivité, la rapidité et la flexibilité dans tous les domaines sont présentées comme des valeurs privilégiées. Cela mène malheureusement souvent à la négation de nos faiblesses, au caparaçonnage et au déni du *besoin de l'autre.* En pratique, cette vision du monde induit le fait que les personnes faibles, handicapées, fragilisées sont le plus souvent mises de côté. La peur et le rejet qui peuvent nous habiter nous font alors passer à côté de l'autre et de sa commune humanité.

Or, les moments de fragilisation peuvent participer de la maturation humaine. Ce qui n'empêche que pour certains ils débouchent sur la destruction de leur identité ou la perte de leur autonomie.

À l'invitation à être toujours plus attentif – individuellement et dans les structures – aux personnes fragiles s'ajoute une forte parole d'espoir. Bien acceptée et accompagnée, l'expérience de la fragilité peut être féconde grâce à la libération de ressources nouvelles dans une personne et la révélation de sa véritable identité, avec ses richesses et ses limites. Dans ce sens, la fragilité peut jouer un rôle privilégié dans notre humanisation en profondeur. Enfin, et ce n'est pas le moins important, il a été souligné à quel point les personnes fragiles ou fragilisées, ainsi que celles qui souffrent d'un handicap, peuvent nous révéler à nous-mêmes, les « moins fragiles », à cause de leur expérience quotidienne et de leur maturité humaine. D'une part, elles nous interpellent par la façon dont certaines sont parvenues à garder un certain équilibre de vie, parfois grâce à d'extraordinaires efforts de créativité et d'adaptation. D'autre part, en nous sollicitant dans notre propre vulnérabilité, elles nous invitent à oser nous exposer, à nous laisser rejoindre et poser des gestes concrets de proximité et de partage. Elles nous suscitent dans notre capacité à donner gratuitement et à lâcher prise. Souvent, nous n'y arrivons pas sans un travail sur nous-mêmes, afin d'apprivoiser nos peurs face à la différence ou à la fragilité des autres. Alors, l'impression de maîtrise complète que nous pourrions donner à voir habituellement se révèle plus précaire que nous ne le pensions et des failles apparaissent qui peuvent générer davantage de vie. Le manque, l'incomplétude, le fait de ne pas tout savoir, de ne pas tout contrôler ; loin d'être d'abord un frein ou un handicap sont alors... une bonne nouvelle pour la relation...

Comme l'ont écrit quelques-unes des personnes les plus engagées dans la préparation du colloque, sa naissance et son déploiement ont été vécus d'emblée comme le fruit de la fécondité de nos diverses fragilités rassemblées :

« Et si c'était vrai ? Il faudrait tenter de dire ce qui a animé cette toute petite équipe de départ qui, au fil des jours, dès février 2008, s'est constituée au gré des affinités pour faire vivre une idée devenue projet : rassembler un public pour penser ensemble la fragilité comme une richesse. Si c'était vrai qu'à partir de presque rien...

Difficile de croire qu'on peut démarrer un projet ambitieux à partir de rien, ou de pas grand-chose. Il n'y avait qu'une conviction : notre humanité est pétrie de fragilité, elle s'en emplit chaque jour un peu plus. Notre société est ébranlée, chaque jour un peu plus. Alors comment continuer à vivre en tournant le dos à nos failles ? Pourquoi ne pas les regarder de près, les observer, les détailler et nous apercevoir au fil des jours que de cette fragilité naît notre existence ? Comme de la fissure du rocher jaillit la petite pousse. Comme de la minceur de la coquille de l'œuf peut éclore le poussin.

Nous étions quelques-uns sur la ligne de départ d'un colloque en projet, avec nos quelques compétences et un grand désir. Désir profond d'arrêter de nier notre identité vraie, notre douceur intérieure, nos effondrements et nos blessures alternant avec nos dons. Il devait être possible d'entendre un autre discours, de rassembler une foule sur un autre postulat, de nous réunir, nous tous qui voulons être pleinement hommes sans être des héros.

Désir surtout qu'au bout de la route il y ait une rencontre. Nous avions rejoint le creux où attendaient les hommes d'aujourd'hui : cette lassitude de devoir toujours montrer un visage dur et hautain, cette impossibilité d'être soi-même et cette peur d'être découvert. “Fragilités interdites ? Plaidoyer pour un droit à la fragilité[1]”, tel était le titre retenu pour le colloque. Il suffisait de prononcer cet intitulé pour soulever l'intérêt, l'adhésion, l'enthousiasme. Plaidoyer pour un droit à la fragilité ? Malgré la provocation de la formule, ils étaient des centaines à vouloir l'entendre, à être prêts à se déplacer, à espérer.

---

1. Pour plus de détails sur le déroulement du colloque « Fragilités interdites » et pour consulter des textes supplémentaires, nous renvoyons au site, créé à l'occasion, et qui a permis de nombreux échanges, témoignages, entre les participants : www.arche-france.org/accueil_colloque-fragilites_interdites,m,92

Ils ont bravé la tempête déchaînée le jour du colloque, ils venaient pour faire plus qu'écouter une conférence. Entre eux, nous sentions une connivence, une compréhension. Presque une amitié. À la suite de l'intuition de Jean Vanier, ce sont eux qui ont esquissé les mots qui sont nés ce jour-là : oui, la fragilité peut être source de vie.

Fragile comme un élève qui ne comprend rien... mais par sa présence amène le professeur à imaginer d'autres pédagogies.

Fragile comme un médecin devant la mort... rêvant un hôpital plus humain.

Fragile comme un chômeur en fin de droits... qui par son cri réveille une société assoupie dans son opulence.

Fragile comme une société qui ne propose plus d'idéal... et invente de nouvelles fraternités.

Fragile comme une famille décomposée... et qui reconstruit d'autres liens.

Fragile comme un homme se découvrant malade un matin... qui appelle sa famille à plus d'amour et d'attention.

Fragile comme un jeune défiant la mort pour éprouver la vie... et qui découvre la beauté de l'existence.

Fragile comme le parent une fois l'enfant parti… puis qui se trouve d'autres fécondités.

Fragile comme une terre sans eau… qui nous invite à prendre soin d'elle.

Fragile comme le vieillard délaissé… vieillards que nous serons demain.

Fragile comme toi, fragile comme moi…

Et si c'était vrai ? Si elle était fondée, cette espérance que de nos blessures s'inventent nos renaissances, que de la crise d'aujourd'hui peut émerger un monde plus humain, que chacune de nos failles nous convie à un plus d'être ? Plus de créativité, plus de solidarité, plus de lien, plus d'échanges. Et si c'était *vraiment vrai*, comme disent les enfants, qu'être fragiles nous rend plus vivants ? »

Bernard Ugeux
directeur de l'ISTR,
coorganisateur du colloque
« Fragilités interdites » avec Erik Pillet

I

Traverser la fragilité

Fragilités, condition de la parole selon la Bible et la psychanalyse

Marie Balmary

Fragilité… Cela me rappelle la première fois que je suis venue à Trosly, dans la communauté de L'Arche, visiter un foyer de personnes avec un handicap, comme on dit ici. Je me demandais comment la rencontre allait avoir lieu. J'imaginais que L'Arche et la psychanalyse ne parlaient vraiment pas la même langue. D'un côté la vie en communauté, de l'autre des rendez-vous individuels en cabinet, c'étaient des modes de relation, des expériences apparemment si différentes. Comment allions-nous nous entendre ?

Je m'inquiétais inutilement. La vie, en jouant avec ma fragilité, allait tout arranger : je suis arrivée avec une extinction de voix presque totale et ça a été tout à fait simple.

Aujourd'hui encore, la vie s'est chargée de mes inquiétudes. Avant Noël, en pensant au colloque de Toulouse, je me demandais comment j'allais préparer une intervention sur la fragilité en pleines vacances, dans l'atmosphère des fêtes de fin d'année. Et puis il y a eu auprès de moi la mort et pour moi un peu de maladie. Fragilité. Je n'ai pas quitté le sujet.

Fragile ne veut dire qu'une seule chose : que ça casse

On voit cela écrit sur les caisses dans lesquelles on transporte les objets en verre : « haut », « bas » et puis, en travers, une longue étiquette en rouge sur blanc : « fragile ». L'intégrité du verre est en question : attention, ça casse.

La fragilité nous concerne nous aussi, dès la première minute de vie. C'est une évidence que je ne fais que rappeler en deux mots. Nous sommes les plus vulnérables des animaux. Un nouveau-né humain présente bien d'autres fragilités qu'un verre de cristal : le chaud, le froid, la nourriture… vous connaissez. On doit nous entourer très longtemps d'énormément de soins pour que nous puissions seulement vivre et nous développer.

Nous travaillons donc énormément à vaincre la fragilité. À grandir en force, à éviter la maladie, à guérir, à consolider la guérison. Nous avons inventé toutes sortes de prothèses pour les parties fragilisées de nos corps, renforcer ou remplacer nos dents, nos yeux, nos oreilles, nos os. Peu à peu, avec les progrès des sciences et techniques, de plus en plus d'organes peuvent être réparés, voire palliés. Ce mouvement si important dans nos sociétés riches se comprend aisément : comment ne pas chercher l'assurance de la force, celle qui surmonte, qui triomphe de ces conditions misérables où nous met notre « néoténie » : un mot savant pour dire que nous, les humains, nous naissons prématurés, même quand la grossesse est à terme. Inachevés pour des années, incapables de nous mettre sur nos pattes. Et de toute façon, à la fin de la vie, même si nous n'avons eu aucun problème de santé durant de longues années, nous redevenons fragiles. Quoi que nous fassions, nous n'échappons pas à notre condition : nous sommes des mortels, des êtres qui cassent, qui passent, qui disparaissent.

Vue de ce point de vue, la fragilité est négative, elle est à vaincre autant et aussi longtemps que possible.

Y a-t-il un autre point de vue qui permettrait de voir la fragilité comme quelque chose d'utile ?

Je vais d'abord partir d'une image simple prise dans la nature, qui peut nous servir de parabole pour un autre abord de la fragilité. Car il arrive qu'une fragilité soit essentielle à la vie. Chez les oiseaux, prenons par exemple les canards sauvages – et voyons si nous pouvons les rapprocher ensuite des enfants du Bon Dieu.

Voilà un nid de canard avec des œufs dedans. La cane protège et couve les œufs. La coquille de ces œufs est extrêmement fine et fragile : la nature a-t-elle fait une erreur ? Non pas, mais au contraire une géniale organisation car, un jour, il va falloir que ces œufs puissent casser sous les coups légers des petits canards qui auront grandi.

Heureusement qu'elle est fragile, cette coquille. Imaginez un instant un œuf qu'on aurait renforcé pour que la coquille ne casse pas. Ce serait l'horreur, n'est-ce pas ? Le petit canard emmuré, étouffé par la protection qui ne devait servir qu'à une chose : lui permettre d'être un jour assez fort pour la briser. La coquille de l'œuf n'est en effet vraiment utile que si, après avoir servi de protection, elle peut disparaître.

Cela peut évoquer bien des choses du monde humain. Depuis la protection des parents jusqu'au transfert en psychanalyse. Toutes enveloppes, tous liens qui sont indispensables un temps, puis destinés à disparaître en tant qu'enveloppes, en tant que liens.

En gardant l'image de l'œuf dont la fragilité est nécessaire à la vie, on voit qu'une secte ou un système totalitaire est une coquille qu'on renforce sans cesse pour qu'elle ne casse pas. L'oiseau doit rester à l'intérieur. La fragilité a disparu. C'est la coquille qui compte. Le poussin doit servir la coquille au lieu que la coquille le serve.

Tant d'institutions peuvent ainsi pervertir leur rôle en inversant l'ordre des services : institutions humaines non fragiles, communautés non ouvertes, matrices closes. C'est cela, je crois, que dénonce une phrase comme « Le sabbat est fait pour l'homme et non l'homme pour le sabbat ». Le sabbat peut casser quand c'est la vie qui a besoin de le transgresser. La tradition juive l'a toujours enseigné.

Mais les humains ne sont pas des œufs de cane. Y a-t-il autre chose à faire avec la fragilité que de la combattre ? Si nous supposons un instant – ou si nous croyons par la foi – que notre condition a un sens, alors se pose une question : à quoi cela peut-il bien servir d'être fragile ?

Une fois encore je vais vous emmener dans le livre de la Genèse tout en réfléchissant sur la fragilité interdite. La Genèse, c'est mon camp de base. Où que j'aille dans la Bible et dans la vie, il y a toujours un moment où je reviens aux premiers chapitres de la Genèse. Comme un lieu où mesurer toute chose de la vie humaine. Un campement symbolique où je retrouve des instruments pour la pensée, pour la conscience, quand je me suis perdue, quand je n'ai plus de nourriture, quand il fait trop froid dans la culture où je dois marcher.

La différence est une fragilité

La première fragilité que je vois dans la vie comme dans la Bible, c'est la différence homme-femme.

On m'a appris que, dans la nature, tout ce qui est sexué est mortel, mais comment l'interpréter ?

Repartons de quelque chose de plus simple : toute différence est une fragilité. Un signe de non-totalité, un signe qu'on peut lire comme de la pauvreté pour chacun. La sexualité est bien, elle, une force essentielle de la vie, mais la séparation en deux des sexes est pour l'individu signe d'une pauvreté : pauvreté de ne pouvoir jouir complètement de soi sans un autre, ni de faire advenir la vie à soi seul.

Insuffisance. Et puis encore pauvreté en connaissance : moi qui ne suis qu'une femme, je suis handicapée du masculin ; je me trouve sur cette terre devant plus de trois milliards de gens dont j'ignore ce qu'ils vivent : les hommes.

À quoi peut bien servir cette première fragilité ?

Ceux qui ont écrit la Genèse semblent avoir une idée là-dessus et même une forte estime pour cette différence fragilisante puisqu'elle est gardée par la première loi. En effet, un interdit de manger de « l'arbre à connaître bon et mauvais » apparaît dans le récit. Et même si la formulation de cet interdit est mystérieuse, ce qui n'est pas mystérieux, c'est la place de cet interdit : entre l'apparition de l'homme et celle de la femme. Pourquoi entre l'homme et la femme ?

Pourquoi est-ce qu'un interdit garderait une différence, donc une fragilité ? Car, de quoi qu'il s'agisse dans cette « connaissance du bien et du mal » comme on dit d'habitude, on pense aisément que manger et connaître apportent la force, tandis que ne pas manger et ne pas connaître signifient la fragilité. Or, la parole divine dit l'inverse. Si cette connaissance interdite est acquise, cette nourriture interdite est prise, elle apportera la mort. « Du jour de ton manger de lui [l'arbre interdit] de mort tu mourras », dit Elohim à Adam.

Comme si le Créateur disait : Garde cette fragilité entre toi et la femme. Garde ce non-manger, cette inconnaissance. Sinon tu mourras.

Curieuse situation. C'est cette fragilité gardée qui protégerait la vie selon le dieu de la Genèse ; tandis que manger, connaître, qui apporteraient la perte de cette fragilité, apporteraient la mort. Cela semble très illogique tout d'abord. Aussi, nous ne nous étonnons pas d'entendre dans le texte surgir une voix qui vient remettre tout à l'endroit : « Vous ne mourrez pas – si vous mangez – mais Elohim connaît que si vous en mangez, vous serez comme des Elohim connaissant le bien et le mal. »

Ne restez pas fragiles comme ça, suggère le serpent. Désobéissez à un dieu qui, lui, n'est pas mortel et veut que, vous, vous le restiez.

Si j'essaie de résumer le récit de la Genèse, le dieu marque la vie individuelle d'une coupure (« sexe » vient de *secare*, « couper », en latin), signe de fragilité au lieu même de la force que sont les organes de la puissance de vie. Puis le dieu redouble cette marque de fragilité en interdisant sa disparition. Et c'est le serpent qui interdit la fragilité.

Quand il s'agit d'accéder à la parole, la règle est la même que dans la Genèse. Bien sûr, on peut parler comme un perroquet parle. Car l'humain peut être rempli de la parole des autres et pour cela, pas de règle, il suffit d'une mémoire qui enregistre et d'un appareil phonatoire qui permet de restituer la parole enregistrée.

Je veux parler de la parole personnelle à partir de soi, « je » et pas plus que « je ». Ce n'est pas grand-chose, « je ». Apparemment, c'est bien fragile. Et « tu » aussi. Chacun peut faire taire l'autre en occupant sa place.

Ce qui règle la parole et la rend possible ressemble fort à l'interdit de la Genèse. Écouter, c'est accepter de ne pas faire disparaître l'autre en soi en le mangeant ; c'est accepter de ne pas le connaître sans qu'il se révèle lui-même. Position de faiblesse ? Oui, si la vie n'est qu'individuelle. Non, si elle est relation.

Lorsque, au contraire, deux mortels s'écoutent, se parlent, il naît quelque chose d'autre, dans un autre monde. Le monde où se font les alliances entre les gens, les reconnaissances, la croissance des êtres intérieurs. Je vais y revenir.

« *Vous ne mourrez pas mais vous serez comme des dieux…* »

La Genèse semble considérer comme une erreur majeure pour les deux humains de vouloir être semblables (« être comme ») et invulnérables (« des dieux »). L'expérience de la psychanalyse lui donne raison : toute écoute repose sur le non-savoir. Et toute véritable présence sur un renoncement à la toute-puissance. Acceptation d'une castration symbolique, disent dans leur jargon les psychanalystes. Sans cela, il peut y avoir domination, soumission. Mais pas rencontre de sujet à sujet. Pas d'accès au monde invisible.

La fragilité disparue, le lieu de rencontre disparaît avec elle. Chacun se trouve seul avec sa fausse force. Comme Adam, en train de se cacher dans l'arbre qui, après l'avoir faussement nourri, le cache maintenant sans le protéger. Alors, ayant perdu la bonne fragilité qui permet la rencontre de l'autre, il devient fragile autrement, de la mauvaise fragilité : la peur de l'autre. (« J'ai entendu ta voix dans le jardin et j'ai eu peur car moi je suis nu et je me suis caché. »)

On aurait donc à choisir entre deux fragilités : la bonne et la mauvaise…

Je ne vais pas reparcourir ainsi toute la Genèse, évidemment. J'ai choisi de m'arrêter sur deux erreurs encore quant à la fragilité interdite : le Déluge et Babel. En feuilletant le livre, je traverse Caïn et Abel. Le nom même d'Abel, « vapeur, buée », évoque une extrême fragilité. Mais allons plus loin.

Au chapitre suivant, il y a, à mon sens, une toute petite éclaircie symbolique, qui concerne directement la bonne fragilité. Après le drame de Caïn et Abel, Adam et sa femme ont un troisième enfant, le premier à être désigné par le mot « fils ». Sa mère « proclame son nom, Shet. Oui, Elohim m'a placé (*shat*) une autre semence à la place d'Abel, oui Caïn l'a tué. Pour Shet aussi il a été enfanté un fils. Il proclame son nom, Enosh. Alors le nom de YHWH commençait à être proclamé » (Gn 5, 25-26).

Ce troisième enfant est le premier à être un « fils ». Il vient après un meurtrier et un mort. Cette fois, la mère ne dit plus comme pour Caïn : « J'ai acquis un homme avec YHWH. » Puis ce premier vrai fils, Shet, a lui-même un fils. Et le nom qu'il donne à ce fils de fils va nous arrêter un instant : Enosh.

Enosh, « homme » en hébreu. Mais ce n'est pas *Adam*, le « terrien » ni même *Ish*, l'« homme » en général. Enosh, c'est l'homme vulnérable, l'homme mortel. Lorsque l'humain masculin peut enfin se reconnaître vulnérable, alors il peut proclamer « dans le nom de YHWH ». Le nom propre de Dieu. Pas seulement le Créateur mais le dieu qui parle avec l'homme. L'homme vulnérable établit une relation avec Dieu, ce que l'homme invulnérable n'avait pu faire.

Est-ce que va se développer cette conscience de vulnérabilité ? Non, au contraire. Les générations s'accumulent, les hommes « font enfanter fils et filles » (pas encore un nom de femme dans tout cela). Arrive un jour – si l'on peut dire dans de pareils récits – où les hommes se multiplient, dit le texte : « Des filles leur sont enfantées. Les fils des Elohim voient les filles du terrien : oui, elles sont bien. Ils se prennent des femmes parmi toutes celles qu'ils ont choisies. »

Les notes de bas de page de nos Bibles ne savent pas trop quoi faire de ce passage mais pour nous, qui cherchons la fragilité interdite, on peut l'interpréter ainsi : les forts – les hommes – ne sont plus des mortels mais des fils des dieux ; seules les femmes – les fragiles filles des hommes – demeurent mortelles et les prétendus fils divins les prennent à leur guise – comme des animaux ou des choses. Sans alliances, qui ne peuvent se faire qu'entre égaux dans la parole.

Qu'est-ce qui est détruit ? La relation, bien sûr. Sans égalité, pas de relation de parole de sujet à sujet.

« Toute chair a perdu sa route », dit le texte (Gn 6, 12). En effet. La route du premier projet divin : « L'homme quittera son père et sa mère et s'unira à sa femme et ils seront les deux en chair une » (ou « en annonce une »), cette route est perdue. Les conditions de la parole entre êtres différents sont perdues. Il y a maintenant deux humanités : hommes et femmes n'ont plus même origine.

La question peut nous paraître très éloignée de nous. Elle est au contraire toute proche. Nous aurons bientôt à en décider nous aussi.

Jusqu'à maintenant, en effet, tous les humains avaient la même origine : un couple homme-femme. Il pouvait y avoir du racisme, des discriminations de toutes sortes… Du moins, sur l'origine sexuée, pas de discrimination possible. Jusqu'à maintenant, tous les humains ont été conçus et sont nés d'un couple homme-femme. Mais nous arrivons au moment où la maîtrise technique des processus de reproduction va nous mettre devant un choix : allons-nous maintenir l'unité du genre humain ou serons-nous d'accord pour que les enfants puissent venir de trois origines différentes, d'un couple homme-femme, d'un couple homme-homme, d'un couple femme-femme ? La rupture de l'unité de l'origine me paraît une grave question pour les générations futures…

Venons-en au Déluge. L'erreur de l'humanité n'est pas cette fois de s'emparer d'une nourriture que le dieu avait interdite pour devenir son égal, comme en Éden. C'est une autre erreur, une autre tentative d'échapper à la fragilité. Cette fois, l'homme se déclare fils de Dieu en détruisant la voie qui lui aurait permis de le devenir : celle de la relation.

J'ai lu une phrase étonnante chez Claudel – il y a de tout dans Claudel. Dans *Le Soulier de satin*, un homme (Don Rodrigue) parle de son amour pour une femme (Doña Prouhèze) et dit : « Jamais autrement que l'un par l'autre nous ne parviendrons à nous débarrasser de la mort [1]. »

Voilà ce que les hommes avant le Déluge ne comprennent pas. Ils veulent en finir avec la mortelle fragilité, en croyant laisser dans la mort la moitié la plus fragile de l'humanité et s'en évader eux-mêmes. Ils détruisent ainsi justement la route qui passe à travers la mort – c'est du moins ce que je crois comprendre avec la Bible.

Alors Noé arrive qui va tout arranger – enfin presque

Lui au moins a trois fils qui lui ont été enfantés ; ce sont bien ses fils et non des fils des dieux. Ses fils eux-mêmes sont mariés, donc dans des alliances homme-femme.

Un détail peu commenté à propos de l'entrée et de la sortie dans l'Arche concerne encore la force et la fragilité – détail que je suis heureuse d'apporter aujourd'hui à L'Arche de Jean Vanier.

1. Paul Claudel, *Le Soulier de satin,* première journée, scène VII. Cette phrase semble avoir disparu de la version pour la scène.

Dans l'Arche de Noé, tous les animaux vont rentrer par couple mâle-femelle. (Et même les premiers couples animaux sont appelés « homme et femme », ce qui est quand même assez surprenant.) Il en va autrement pour les humains.

Avant le Déluge, Dieu a dit à Noé de rentrer dans l'Arche dans l'ordre suivant : « Tu rentreras dans l'Arche, toi, tes fils, ta femme et les femmes de tes fils. » Puis le Déluge a lieu. Alors, le dieu dit à Noé : « Tu sortiras de l'Arche, toi, ta femme, tes fils et les femmes de tes fils. » Autrement dit, ils sont entrés séparément – d'abord les hommes, ensuite les femmes – et ils doivent maintenant sortir en couple, chaque homme avec sa femme. Or, Noé ne fait pas cela. Ils sortent comme ils sont entrés : les hommes d'abord, les femmes ensuite.

Sortir en couple homme-femme, c'était remettre en marche la relation différenciée donc fragilisante apparemment, qui pourtant est celle de la force de vie. Tant la vie biologique que la vie de la parole. Car cette différence une fois établie génère le respect et l'accès au monde des autres diversités.

Avec Noé, la fragilité n'est pas interdite, mais pas entendue cette fois, pas remise en bonne place. On ne s'étonne pas trop qu'ensuite Noé, dans son ivresse, s'exhibe devant ses fils : signe, symptôme d'une erreur dans le champ de la différence des sexes. Erreur d'alliance.

Heureusement pour nous, les humains peuvent se tromper mille fois, du moins ils ne renoncent jamais à atteindre le ciel ou ce qu'ils croient être le ciel. Toute l'histoire nous le raconte. Avec Babel, c'est encore une autre tentative. Cette fois, on va y arriver non par la transgression d'un interdit, non par une qualité divine imaginaire prêtée à certains humains au détriment d'autres, mais par le travail pour atteindre le lieu du dieu. On va travailler à construire aussi grand, et surtout aussi haut que possible : une tour si haute que sa tête atteigne le ciel. Là aussi, on touche au langage, qui s'appauvrit pour devenir uniquement technique (Gn 11) : « Et c'est toute la terre, une seule langue, des paroles uniques » (v. 1), « Ils disent, l'homme à son compagnon : Allons, briquetons des briques ! Flambons-les à la flambée ! » (v. 3), « Allons, bâtissons-nous une ville et une tour, sa tête aux ciels, faisons-nous un nom afin de ne pas être dispersés sur les faces de toute la terre » (v. 4).

Ces paroles, répétées par tous, ce travail vont permettre d'éviter la dispersion, d'atteindre le lieu où l'on ne meurt plus : le ciel. Un « nous » uniforme s'installe sur tous les humains. Ils se font un nom, un seul nom pour tous qui pourtant les défait chacun. Car la parole est morte s'ils continuent. Aussi Dieu les dispersent-ils – ce qu'ils voulaient éviter – et confond leurs langues, « afin que l'homme n'entende plus la langue de son compagnon ». Fragilité retrouvée.

Je voudrais maintenant quitter le texte de la Bible sans quitter le mouvement de ces récits. Et vous raconter deux histoires. Deux histoires de fragilité souveraine.

Un jour, j'ai rencontré une collègue qui travaillait dans un hôpital psychiatrique. Il y a eu tout de suite entre nous un rien d'humour qui ne s'est lu que dans nos yeux, à cause de nos tailles respectives. Je suis plutôt grande et sans doute avais-je mis ce jour-là des talons hauts. Il y avait bien vingt-cinq centimètres de différence entre nous deux. Or, cette femme très petite en taille travaillait dans un service particulièrement rude, avec des patients hommes dont certains dans des états de grande agitation et de violence.

Elle a lu dans mon esprit la question que je n'osais pas lui poser : comment faisait-elle, si petite et si fragile, pour travailler dans un tel service ? Alors, elle m'a raconté ceci :

– Quant un homme particulièrement costaud et violent arrive dans le service, un patient que le personnel ne parvient pas à maîtriser, c'est moi qu'on envoie.

– Toute seule ? demandai-je étonnée.

– Oui, me dit-elle. Lorsqu'il me voit, il n'a tellement rien à craindre de moi – il pourrait facilement me réduire en miettes – qu'il arrête de s'agiter. On peut parler.

Ce que la force ne peut pas, la fragilité le peut : elle est présence sans menace pour l'autre. Là, on entre dans l'autre monde : celui de l'être avec l'autre.

La deuxième histoire est un échange que je n'ai jamais oublié. Cela se passait dans une circonstance un peu semblable à celle de ce colloque. Différents orateurs étaient réunis sur un sujet à la fois théologique et psychologique. À la fin des deux jours, une femme aux cheveux blancs est venue vers moi et m'a demandé si son fils pouvait venir me parler. J'étais étonnée, ne comprenant pas pourquoi elle demandait cela. Son fils devait être adulte. J'acceptai sans comprendre. Alors elle s'effaça et je vis venir un homme que dans le premier monde on appelle un mongolien. J'étais étonnée également qu'il se trouve à ce colloque, tout à coup je n'étais plus la conférencière qui sait, mais quelqu'un qui ne comprend pas. L'homme attendit que j'en aie fini avec mes pensées, que je fasse de la place en moi pour lui, et il me dit avec une force et une paix incroyables : « T'étais là et j'étais là… C'était bien. »

Vous devinez ce que ce bref échange de parole a pu provoquer en moi, en nous, je pense – parce que les mots ne suffisent pas pour raconter un tel moment, un moment de pure présence. Où l'autre vous regarde d'une façon si profonde que vous sentez… j'allais dire : la présence réelle. Moment de grâce où se confirment mutuellement les êtres invisibles.

On est passé par la fragilité reconnue, accueillie mutuellement, et l'on se trouve maintenant par-delà toute fragilité, par-delà toute force aussi, je crois. Ce n'est plus cela qui est en question dans ces moments-là.

Un de ces moments au-delà du temps dont j'ai retrouvé quelque chose dans *Le Temps retrouvé* de Proust, justement : « Une minute affranchie de l'ordre du temps a recréé en nous pour la sentir l'homme affranchi de l'ordre du temps[1]. »

Force de la fragilité, fragilité de la force

Je reviens à nos premiers mouvements en face de la fragilité. Ce qui nous intéresse en premier lieu, c'est la force, bien sûr. Allons-nous nous donner tort ? La force, il en faut tellement pour vivre, parler, travailler, aimer, guérir, et mourir sans trop de peur un jour. La fragilité en soi, comme la souffrance d'ailleurs, ne nous paraît pas désirable.

Et lorsqu'elle a été présentée comme désirable, c'était bien souvent de la mauvaise façon, dans une certaine transmission religieuse qui a fait de la fragilité et de la souffrance des valeurs en soi. Nous entendons les dégâts de cette religion-là dans nos cabinets. Les autorités religieuses ont parfois senti le danger de valoriser pour elles-

1. Marcel Proust, *Le Temps retrouvé*, Gallimard, La Pléiade, tome IV, p. 451. Je remercie Hélène de Laguérie de m'avoir fait découvrir, grâce à son immense connaissance de Proust, cette dimension de son œuvre que certains passages comme celui-ci nous révèlent.

mêmes les situations de malheur, de douleur, de handicap… Elles ont mis en garde quelquefois – peut-être pas aussi souvent que nécessaire – contre une telle dérive. La transmission d'une telle spiritualité de la faiblesse, de la souffrance, de la soumission, du renoncement, de la culpabilité a pesé lourdement sur nos civilisations.

La société civile laïque a fortement réagi. Elle réagit encore, d'ailleurs, alors même que cette spiritualité-là n'a que peu voire plus d'adeptes. Je pense au combat que livre un Michel Onfray, par exemple, contre ce qu'il croit être le christianisme et qui n'est pas tout à fait sans rapport, parfois, avec ce que fut la religion à une certaine époque dans nos contrées. Son accusation rejoint, très curieusement, du moins sur la question du christianisme, un discours tel que pouvait en tenir Himmler, le chef des SS, en 1944 : « Nous devrons en finir de manière encore plus déterminée avec le christianisme. Nous devrons en finir avec ce christianisme, avec cette peste, la pire maladie qui nous ait atteints dans toute notre histoire, qui a fait de nous les plus faibles dans tous les conflits[1]. »

---

1. Heinrich Himmler, *Discours secrets,* Gallimard, 1978, p. 156.

Nous sommes tous horrifiés par ce qui a eu lieu là. Horrifiés par les paroles et les actes du nazisme. En tant que chercheuse, je suis horrifiée, mais je veux au moins essayer de comprendre un peu de quoi est faite cette peur-là.

Tout à l'heure, j'évoquais deux fragilités, une bonne et une mauvaise. La bonne est toujours du côté de l'acceptation des différences et des limites, et finalement de la mort. Et tout handicap – maladies, anormalités physiques ou sociales –, tout ce qui évoque l'imperfection nous renvoie de près ou de loin à notre statut de mortels, je ne vous apprends rien.

Je crois que lorsque nous n'acceptons pas la fragilité de l'autre, c'est que nous sommes nous-mêmes dans la mauvaise fragilité qui peut se résumer en un mot : la peur. Et toutes les peurs se rassemblent en une : la peur d'être anéanti.

Tout cela est lisible depuis le début des cultures et pour les nôtres depuis les premiers chapitres de la Genèse. Les humains, aujourd'hui comme hier, font toutes sortes de manœuvres pour échapper à cette menace. Quand ils se sentent trop menacés, trop humiliés, on comprend qu'ils puissent être tentés de suivre ceux qui leur disent : Vous ne mourrez pas.

À moins qu'ils ne découvrent le second monde. Comment y accède-t-on ? Voilà une question très ancienne et toujours nouvelle à chaque génération.

Un humoriste, auteur de dialogues de films qui nous font rire toujours, a inventé une béatitude qui me paraît bien dans la ligne des autres : « Bienheureux les fêlés car ils laisseront passer la lumière », a dit Michel Audiard. Cela peut évoquer beaucoup de choses, une coquille qui casse, une lumière qui passe, et puis la coquille d'à côté qui va se fêler elle aussi...

Dans la nature, nous faisons partie de la classe des mammifères. Mais peut-être dans le monde spirituel sommes-nous des oiseaux. D'ailleurs, l'Esprit n'est-il pas représenté par un oiseau ? Si nous sommes spirituellement des oiseaux, alors nous avons deux naissances à faire et non pas une. La seconde naissance se fait non plus en sortant du corps d'une autre mais en brisant peu à peu une enveloppe qui nous entoure longtemps. Alors on atteint l'autre monde. Peu à peu – jour après jour.

Quand je dis l'autre monde, je ne parle pas de l'au-delà – encore que ce ne soit peut-être pas sans rapport –, je parle du monde des relations, du monde symbolique, du monde des alliances, du royaume des cieux, de la haute culture, quel que soit le nom qu'on lui donne.

Or la fragilité n'est pas l'ennemie de cette autre naissance, dans cet autre monde, bien au contraire. Est-elle encore fragilité ? Je dirais non. Dans le monde symbolique, la fragilité s'inverse en force puisque par elle passe la plus grande force : la lumière.

Dans le texte évangélique des Béatitudes, chaque faiblesse est en réalité une force. De quel genre de faiblesse s'agit-il ? De ce qui appelle et permet la présence de l'autre. Et cette force de la relation, du véritable « nous », est finalement celle qui triomphe de tout, même des persécutions. Cela mériterait évidemment d'être repris plus attentivement.

Le malheur de la richesse, c'est qu'habituellement elle ne permet guère des relations vraies. Cela dit, l'Évangile nous apprend qu'il n'est pas impossible à Dieu de faire passer un chameau par le trou d'une aiguille…

Puisque j'en arrive au monde symbolique, je voudrais proposer un instant, bien que n'étant nullement théologienne, une remarque sur le repas qui termine la vie de Jésus. Il y a là une fragilité, sinon interdite, du moins passée sous silence, me semble-t-il, et je trouve cela dommage pour la force du symbole.

La fragilité est la condition même du symbole

En Grèce antique, un symbole était au sens propre et originel un tesson de poterie cassé en deux morceaux et partagé entre deux contractants. Plus tard, chacun faisait la preuve de sa qualité de contractant en rapprochant les deux morceaux qui devaient s'emboîter parfaitement. C'était le signe qui permettait la reconnaissance de l'autre avec lequel on avait fait alliance à travers le temps.

Pas de symbole sans fracture, donc. On voit alors que si la fragilité est interdite, l'accès au monde symbolique l'est aussi.

À propos de cet accès au monde proprement symbolique, la découverte de la psychanalyse m'étonne toujours. Elle arrive en un siècle où, si je puis dire les choses aussi sommairement, la religion s'est écartée de la vie spirituelle, en bien des lieux. On fait beaucoup de morale, le corps et la sexualité sont niés, la perfection est préférée à la sainteté, la respectabilité à la vérité, et la culpabilité, la peur de la damnation viennent sceller tout cela. De grands savants s'attaquent à cette religion de toutes leurs forces. Darwin, par exemple, sans s'apercevoir qu'il s'attaque en fait à une idolâtrie. Ce que sa femme lui écrira un jour.

À Vienne, Freud, « juif mécréant » comme il le dit lui-même, se met à écouter chez ses patients les craquements de la coquille, les fêlures de la belle apparence. Et, comme malgré lui, dans ces fragilités, ces souffrances et ces hontes, il voit de la lumière, il entend la petite voix de l'âme humaine. « Âme », *Seele*, un mot qu'il n'a pas peur de prononcer. Même si ses traducteurs anglais et français y substituent l'expression « appareil psychique ». C'est cela qui m'intéresse tellement dans cette discipline : l'écoute de la coquille qui casse. Souvent, le petit canard à l'intérieur est dans l'angoisse. Il voudrait bien qu'on lui raccommode la coquille. Parfois, en effet, il vaut mieux la replâtrer momentanément car il n'est pas tout à fait prêt à sortir. Nous avons inventé beaucoup de médicaments pour cela. Reste que la croissance de l'être finira par excéder la taille de la coquille. Qu'elle se brisera, fût-ce à la dernière heure.

Briser. Voilà le verbe qui me ramène au Nouveau Testament, à un endroit où l'on n'attend pas un tel verbe : au cours du dernier repas, la Cène. Dans les quatre récits du repas pascal que Jésus prend avec ses disciples (les trois évangiles synoptiques et Paul dans la première épître aux Corinthiens) apparaît ce même verbe grec, *klao*, qui veut dire « briser, casser, rompre ».

Klao, ce n'est pas partager. C'est briser, casser. Comment le pain serait-il symbole s'il n'était pas brisé, cassé ?

Je n'irai pas plus loin. Ce n'est pas à moi de remettre en question des siècles de liturgie, mais je ne ferais pas mon travail de chercheuse si je ne relevais pas, là où je la trouve, une richesse symbolique d'une telle valeur, à mes yeux en tout cas.

Le nouveau corps qui est dit (« Ceci est mon corps ») peut nous rester bien mystérieux. Du moins, que nous y croyions ou pas, il y a une logique symbolique à l'œuvre : le don à l'autre d'un mystérieux corps se fait, non pas par un pain entier, même partagé, mais dans la fracture bénie de ce pain.

Bienheureux ceux qui présentent et qui donnent à l'autre leur moi fracturé, si je puis dire, et bienheureux ceux qui le reçoivent : ils atteignent ensemble cet autre monde, celui de « l'homme affranchi de l'ordre du temps » dont

Proust dit encore qu'« on comprend qu'il soit confiant dans sa joie [...], on comprend que le mot "mort" n'ait pas de sens pour lui ; situé hors du temps, que pourrait-il craindre de l'avenir ? »

La fragilité en économie : chance ou menace ?

Elena Lasida

Une question préalable

Que vient faire un économiste dans un colloque sur la fragilité ?

La question est légitime : d'habitude, économie ne rime pas avec fragilité. Celle-ci aurait plutôt à voir avec des disciplines et des professions associées au domaine de la santé ou du travail social. L'économie, quant à elle, s'intéresse plutôt à l'efficacité, à la stabilité, à l'équilibre, à la croissance, au développement, à la performance, à la richesse, c'est-à-dire aux contraires de la fragilité.

La représentation habituelle de l'économie et des économistes se situe en général du côté des « dominants » plutôt que des « dominés », de ceux qui sont au « centre » plutôt qu'à la « marge ». Ainsi entend-on parfois parler de la « tyrannie » de l'économie, sorte de rouleau compresseur qui oblige à faire ce que l'on ne veut pas et ne laisse pas faire ce que l'on veut. Pourquoi donc une économiste comme moi interrogerait-elle la fragilité ?

On pourrait s'attendre à ce que je m'interroge sur les « victimes » de l'économie, les exclus, les pauvres, ceux qui restent en dehors du système et qui, par marginalisation économique, sont fragilisés : il s'agirait de parler de l'économie comme cause de fragilité. Mais ce n'est pas l'approche que j'ai retenue. Je voudrais parler des fragilités à l'intérieur même de la logique économique, de fragilités qui lui sont inhérentes.

Dans ce temps de crises économiques multiples – financière, alimentaire, écologique –, nous avons une chance historique de poser, à l'économie précisément, des questions fondamentales et sur sa nature et sur sa finalité. Trop souvent l'économie est réduite à une question de circulation de biens et d'allocation de ressources et, de ce fait, elle devient vite une question de régulation, d'ajustement ou de contrôle à introduire. On fait ainsi l'impasse de la question, première et essentielle, sur le sens même de l'économie et sa place dans une société.

Les crises actuelles nous appellent à revisiter le sens de l'économie dans la triple acception de ce mot : l'orientation, quel est le but de l'économie ? (à quel projet répond-elle ? où va-t-elle ?) ; la signification, quel est son fondement ? (sur quelles bases se construit-elle ?) ; et enfin la sensation (quelle expérience permet-elle de faire d'une vie « bonne » ?).

C'est en posant la question du sens de l'économie, plutôt que celle de son fonctionnement ou de ses conséquences, que l'on va retrouver la fragilité au cœur même de l'agir économique.

Cette question me renvoie d'abord à ma propre expérience et à mon intérêt pour l'économie. Je ne peux pas séparer ma vision de l'économie de l'expérience que j'en ai faite ; mon travail d'économiste de mon expérience de vie ; la question du sens de l'économie de celle du sens que je donne à la vie. J'aborde donc la question de la fragilité en économie à travers trois expériences personnelles qui ont marqué ma vision de l'économie.

Trois appartenances en tension

Je fais référence, en premier lieu, à mes appartenances géographiques et culturelles, chacune d'elles étant associée à une expérience de fragilité qui a provoqué un regard particulier de l'économie.

D'abord, il y a l'Uruguay, petit pays d'Amérique latine enfermé entre deux géants, le Brésil et l'Argentine, et grand ouvert sur l'océan Atlantique.

L'Uruguay m'a permis de faire l'expérience de la frontière, de l'entre-deux : frontière entre la terre et la mer, frontière entre l'Europe et l'Amérique, frontière entre la culture occidentale et la culture indigène, frontière entre laïcité et religiosité populaire... Car l'Uruguay est une terre qui a connu l'extermination de sa population indigène et le repeuplement par des immigrés européens, ainsi qu'un processus important de laïcisation qui le différencie de la présence d'une forte dimension religieuse dans le reste du continent latino-américain. Notre identité est marquée par l'expérience de la frontière, or celle-ci est toujours un lieu de fragilité, car lieu d'exposition et de limite. La frontière peut autant séparer que relier, enfermer qu'ouvrir, exclure que faire passage. La frontière est à la fois menace identitaire et promesse de renouvellement. C'est probablement cette expérience géographique et culturelle de la frontière qui a suscité mon intérêt pour les limites de l'économie, pour ses marges, pour sa nature ambivalente qui crée à la fois du lien et de l'exclusion.

Vient ensuite l'Italie : parmi les immigrés européens partis au début du siècle passé vers l'Amérique, à la recherche d'une terre meilleure pour vivre, il y avait mes grands-parents. Je suis italienne sans avoir jamais vécu en Italie, et pourtant je me sens également identifiée à cette terre, ou plutôt par l'absence de cette terre.

Car, dans ma famille, l'Italie était toujours présente par son absence : c'était la terre qu'on avait quittée, dans un voyage aller sans retour, en recherche d'une terre meilleure. Elle était ce *manque fondateur* qui, dans toute vie humaine, suscite le désir d'aller plus loin, d'aller au-delà. Un manque qui ne sera jamais comblé car ce qu'on trouvera plus loin est autre chose que ce que l'on a perdu dans la terre d'origine. Le manque nous rappelle en permanence que nous sommes des êtres de désir et en marche, et que le désir comblé et la marche achevée signifient plutôt la mort que le sommet de la vie. Le manque nous apprend qu'il faut toujours risquer une perte pour faire émerger du nouveau, et que la véritable nouveauté est celle qui échappe à toute prévision et anticipation. Or, le manque constitue toujours une expérience de fragilité, qui nous confronte au vide quand on cherche la plénitude, qui rappelle la perte quand on croit avoir trouvé. C'est probablement cette expérience fondatrice du manque, de la terre présente par son absence qui a suscité mon intérêt pour les trous noirs de l'économie, pour ses insuffisances et son incertitude.

Enfin, il y a la France, ma terre d'accueil et de passage, d'aller et de retour, de départ et d'arrivée. La France est pour moi une autre expérience d'entre-deux, celle de la différence qui renvoie au plus profond de soi-même.

L'expérience de l'étranger qui s'intègre dans une autre culture, qui apprend à circuler dans une géographie et une histoire qui ne sont pas les siennes, est toujours une occasion privilégiée de révélation de soi-même. La confrontation avec l'autre différent permet de se découvrir soi-même autrement. Or, la différence culturelle est toujours un lieu de fragilité, car c'est un lieu de remise en question de ce qui était vécu comme naturel et spontané : autant les petites habitudes quotidiennes que les grandes références qui organisent la vie collective sont interrogées. Le « normal » devient « bizarre ». La différence dérange et menace. Et pourtant c'est elle qui permet vraiment de se connaître, de se reconnaître et de se renouveler. C'est probablement cette expérience de différence culturelle qui a suscité mon intérêt pour le dialogue interdisciplinaire entre l'économie et d'autres « cultures » disciplinaires.

Ces trois appartenances m'habitent et sont en tension quotidienne : elles me poussent à penser l'économie à travers ses limites, ses manques, ses incertitudes, bref, à travers ses lieux de fragilité plutôt que de solidité.

Un domaine pluriel de travail

Mon travail sur l'économie se caractérise également par une pluralité d'expériences. J'en ai choisi trois qui, de manière différente, disent la fragilité au cœur même de l'économie : le dialogue entre l'économie et la théologie, l'économie sociale et solidaire et le développement durable.

La mise en dialogue entre économie et théologie a été l'objet de mon travail de thèse, autour de la notion de transcendance ou, plus précisément, du rapport à la transcendance dans ces deux disciplines. Parler de transcendance en théologie paraît évident, le faire en économie le semble beaucoup moins. En économie je n'ai pas cherché la transcendance par rapport à un système de valeurs éthiques qui devraient orienter l'activité économique, mais je l'ai fait plutôt au sein de la logique économique elle-même, et par rapport notamment aux différentes logiques collectives qui l'identifient. La logique marchande, par exemple, est une logique économique collective qui peut être considérée comme une expérience de « transcendance » à l'égard des acteurs individuels. En ce sens, la notion de « main invisible », utilisée pour parler de la logique marchande, évoque bien le caractère transcendant du marché, en ce sens qu'il échappe à la maîtrise de chaque acteur individuel.

Ce dialogue entre économie et théologie autour de la logique de la transcendance met en évidence des fragilités au cœur même de la logique économique, et surtout il permet de les aborder autrement que comme de simples défaillances à réparer. Ainsi le déséquilibre n'apparaît pas comme une absence d'équilibre mais plutôt comme une source d'innovation ; l'incertitude ne se réduit pas à l'absence de certitude mais devient émergence du radicalement nouveau ; l'incomplétude de l'agent économique et les limites de sa capacité cognitive ne sont pas un signe d'irrationalité, mais celui d'une autre rationalité qui conçoit l'être humain comme un être en relation plutôt qu'un simple calculateur d'utilité ; l'instabilité ne se définit pas comme manque de stabilité mais plutôt comme condition de mise en mouvement.

Dans le paradigme économique dominant, le déséquilibre, l'incertitude, l'incomplétude et l'instabilité sont considérés comme des défaillances à corriger ; pourtant, c'est à partir de ces défaillances que la théorie économique est en train de se repenser et de se renouveler. Ces manques d'équilibre, de certitude, de complétude et de stabilité sont autant de formes de fragilité de la logique économique elle-même. Et, comme toute fragilité, elles peuvent faire l'objet d'amendements et d'ajustements ou, au contraire, être appréhendées comme révélateurs d'une nouvelle manière de penser la logique économique.

En ce sens, l'économie sociale et solidaire constitue une bonne illustration de fragilité économique. Elle s'est développée comme réponse à des manques de l'économie classique, au niveau de la gestion, de la distribution de ses bénéfices et de ses conséquences sociales. C'est ainsi qu'elle a instauré des logiques de gestion plus démocratiques concernant autant la prise de décision que les formes de propriété, comme les coopératives, les mutuelles et les associations. C'est ainsi, également, qu'elle a créé des relations nouvelles entre producteur et consommateur comme dans le commerce équitable, entre épargnant et investisseur comme dans les placements éthiques ou dans le microcrédit, entre entrepreneurs et chercheurs d'emploi comme dans les entreprises d'insertion, entre gouvernement local et habitants de la localité comme dans les régies de quartier, entre des personnes possédant différentes formes de savoir comme dans les systèmes d'échanges locaux, etc.

L'économie sociale et solidaire émerge et se développe face à la fragilité sociale et relationnelle de l'économie classique. Elle peut alors être conçue uniquement comme un palliatif des défaillances de l'économie marchande, une sorte d'économie pour les pauvres. Mais elle peut aussi être abordée comme le terreau qui permet de penser autrement le rapport entre l'économique et le social. En effet, le social peut être intégré comme simple contrainte supplémentaire, et donc réduit au statut d'externalité, ou bien il peut interroger la nature même de l'économie. Dans le premier cas, on reste dans une approche réparatrice de la fragilité ; dans le second, la fragilité permet de concevoir autrement l'économie : elle devient facteur de médiation sociale plutôt que seul moyen d'allocation de ressources. Le social ici n'est pas une externalité mais il apparaît au cœur même de l'action économique. L'économie n'est plus simplement un moyen de distribuer les biens en fonction des besoins, elle devient une manière de penser et de faire société.

Penser l'économie comme une manière de faire société suppose de la relier aux autres dimensions de la vie humaine et sociale, de la concevoir donc à l'intérieur d'un projet de développement. C'est ainsi que l'économie sociale et solidaire s'inscrit totalement au sein du développement durable. Une fois encore, nous retrouvons la fragilité à l'origine de cette approche du développement. C'est la prise de conscience des limites environnementales, c'est-à-dire de l'épuisement et de la dégradation des ressources naturelles, qui a introduit la question de la viabilité de notre mode de développement. Or, cette fragilité naturelle a mis en évidence la fragilité sociale et politique de nos modes de vie : devant ces fragilités, nous avons à nouveau l'alternative entre une approche réparatrice et une approche révélatrice de nouveauté. L'approche réparatrice consiste surtout à chercher des ressources renouvelables à utiliser à la place des ressources en voie de disparition, afin de prolonger le plus possible la vie sur la Terre. Dès lors, il s'agit surtout de transformations techniques accompagnées du changement de quelques habitudes quotidiennes pour apprendre à ne pas gaspiller les ressources. Le but est de continuer à vivre de la même manière le plus longtemps possible. En revanche, l'approche révélatrice de nouveauté consiste à profiter des limites devenues incontournables pour imaginer des modes de vie différents, porteurs d'un bien-être nouveau. Dans cette perspective, il ne suffit pas d'apprendre à gaspiller moins : il s'agit plutôt de produire et de consommer autrement, de se déplacer et d'habiter l'espace différemment. Le but n'est pas de combler le manque ni de gommer la perte mais, bien au contraire, d'en faire émerger du nouveau : moins de mobilité mais plus d'enracinement, moins de vitesse mais plus de présence, moins de productivité mais plus de proximité…

Une nouveauté se profile dans ce style de vie qui se dessine à travers les différentes initiatives visant un développement durable ; elle peut être caractérisée par un triple déplacement. D'abord, mettre l'accent non plus sur l'accessibilité mais sur la création : plutôt que de chercher à assurer, à toutes les personnes habitant la Terre aujourd'hui et demain, l'accès aux biens nécessaires pour vivre, il s'agit de leur assurer la possibilité d'être créateurs, c'est-à-dire de participer à un projet de vie décidé collectivement. Ensuite, passer du quantitatif au qualitatif : plutôt que de mettre l'accent sur la quantité produite et consommée, il s'agit d'évaluer la qualité de relation et de présence que l'on peut vivre à travers l'activité de production et de consommation. Enfin, changer l'indépendance en interdépendance : plutôt que de chercher à être quitte de tous, il s'agit de construire des relations de réciprocité, même et surtout entre des personnes en situation d'inégalité

À travers le dialogue entre économie et théologie, l'économie sociale et solidaire et le développement durable, on retrouve la fragilité au cœur même de l'économie. Chaque fois, cette fragilité invite à penser autrement la nature et la finalité de l'économie. Plutôt que de réparer et de corriger pour garder l'intégrité, la fragilité invite l'économie à se laisser déplacer et décentrer : à passer de la prévision parfaite à l'accueil de l'incertitude, de la circulation des biens à la médiation sociale, de la durabilité physique à la durabilité de la capacité créative.

Une expérience de foi fondatrice

Cette approche de la fragilité en économie est également nourrie par mon expérience de foi. Je peux expliciter ce lien autour de trois notions qui constituent autant des expériences de foi qu'une manière de regarder l'économie.

Première expérience, celle de la résurrection : si elle est souvent comprise comme la vie *contre* la mort ou la vie *au-delà* de la mort, je pense plutôt qu'il faut la concevoir comme la vie qui *traverse* la mort. Devant les différentes fragilités évoquées en économie, j'ai évoqué le choix entre deux approches : réparer pour revenir au même, ou scruter la possible émergence du nouveau. La nouveauté jaillit toujours d'une régularité tombée en panne, d'une normalité qui dysfonctionne, d'une fonction qui s'arrête, d'un équilibre qui se perd, d'une stabilité fissurée, d'une prévision non réalisée. Dans ces cas-là, on peut chercher à combler le manque, à redresser la dérive, mais l'on peut aussi laisser le vide engendrer du nouveau. La résurrection renvoie ainsi à une expérience profondément humaine, voire la plus humaine qui puisse exister : celle de l'échec qui ouvre au radicalement nouveau, celle de la limite qui libère une capacité nouvelle, celle du vide qui se met à désirer la vie.

La fragilité appelle, comme la mort, à être traversée plutôt que réparée. La réparation est un retour au déjà connu, à ce qu'on croit être une situation d'équilibre et de normalité. La traversée, au contraire, fait apparaître du radicalement nouveau, elle déplace la représentation de ce qui est normal pour révéler une autre source de vie. La résurrection est par excellence l'expérience de la traversée, et l'économie, comme toute vie individuelle et collective, a besoin de se laisser traverser, sillonner, engendrer, surtout là où la vie fait défaut.

Or, l'engendrement ne se fait jamais tout seul. Certes, il est toujours une expérience de désert et de solitude, de dépouillement et d'incertitude, car il demande de plonger dans la profondeur de l'abîme. Mais pour y plonger, il faut de la promesse et de l'alliance.

De la promesse : comme celle que Dieu fait à Abraham, une promesse qui se définit par la mise en marche plutôt que par le but à atteindre. Une promesse qui est de l'ordre de l'utopie plutôt que de l'engagement concret. Une promesse qui fait rêver d'avenir, même si on n'en connaît pas la forme concrète. Une promesse qui pousse à aller plus loin car on croit que devant nous il y a un meilleur possible. Or la promesse est toujours reçue d'un autre, un autre qui n'est pas encore arrivé mais qui est en marche, un autre qui ne peut pas nous garantir le résultat mais qui est prêt à prendre le risque, un autre qui nous donne envie de croire.

Pour qu'il y ait engendrement, il faut une promesse donc. Pourtant l'économie classique est plutôt attirée par la « prévision parfaite » que par la promesse, par le « risque zéro » plutôt que par l'accueil de l'incertitude, par la maîtrise et le contrôle plutôt que par l'émergence du radicalement nouveau. Comment habiter l'économie d'une promesse ? Comment faire entendre une promesse en contexte de crise économique et écologique ? Comment parler de promesse quand on sent la lourdeur d'un avenir plein de menace et de mort ? La promesse ne suppose pas d'avoir une solution magique ni de pousser à la croyance naïve. La promesse est une invitation à prendre la route vers une terre inconnue mais que l'on croit porteuse de vie. La promesse est un appel à quitter pour aller plus loin. La promesse est la présence dans l'absence. La promesse est un signe de vie, un signe qui suscite la vie, un signe qui donne envie de vivre. Mais sans aucune garantie.

Pour qu'il y ait engendrement, il faut de la promesse et de l'alliance, ai-je dit. De l'alliance, comme celle que Dieu fait avec Noé après le Déluge. C'est l'alliance qui naît d'une promesse : Dieu promet de ne plus détruire la Terre par un déluge. De ce fait, Dieu rend l'homme responsable avec lui de la Création. De ce fait, Dieu rend l'homme cocréateur. Pour qu'il y ait engendrement, il faut s'allier pour créer ensemble. La femme ne peut pas engendrer sans l'homme, la terre ne peut pas engendrer sans la semence. Pour engendrer, il faut au moins être deux, chacun acceptant de se laisser transformer par l'autre.

L'économie parle de contrat plutôt que d'alliance. Certes, le contrat est une sorte d'alliance, mais l'alliance, selon moi, va bien plus loin que le contrat. Si le contrat permet de se préserver mutuellement des risques, l'alliance fait prendre des risques ensemble. Si le contrat assure l'avenir, l'alliance fait devenir créateur d'avenir. Si le contrat est de l'ordre du compromis et de la concession mutuelle, l'alliance est de l'ordre de la création et de l'engendrement réciproques. Comment passer du contrat à l'alliance en économie ? Cela suppose de penser l'économie autrement, comme médiation sociale plutôt que jeu stratégique, comme moyen d'action collective plutôt que de maximisation de l'intérêt individuel.

La résurrection, l'alliance et la promesse mettent en résonance l'expérience de foi avec l'expérience économique. Ce ne sont pas des axiomes à modéliser mais des résonances à faire vibrer ; ce ne sont pas des normes à suivre ni des valeurs à respecter, mais juste des pistes pour mettre en cohérence et en syntonie ce qui nous fait vivre et la vie elle-même.

La fragilité comme passeport

La fragilité en économie, c'est un chemin à parcourir plutôt qu'une nouvelle théorie à énoncer, une invitation au déplacement plutôt qu'une critique du modèle dominant, un changement de regard plutôt qu'une dénonciation ou une proposition.

À travers mes appartenances, mes lieux de travail et mon expérience de foi, la fragilité est apparue comme un lieu de rencontre entre l'économie et les autres dimensions de la vie humaine. Elle est devenue, dans cette réflexion, passeport pour traverser des frontières entre différentes manières de vivre et de penser la vie.

L'économie constitue un domaine important de la vie ainsi qu'une discipline pour la penser. Mais pour penser la vie, l'économie a besoin des autres : d'autres personnes, d'autres domaines, d'autres disciplines. Et pour se penser ensemble, il faut commencer par avouer un manque. Pour qu'il y ait élaboration collective et engendrement réciproque, il faut commencer par se reconnaître non autosuffisant. C'est en ce sens que la fragilité peut constituer un moyen pour arriver à faire avec d'autres.

La fragilité, passeport vers le véritable travail collectif, mais également vers le radicalement nouveau, car sans traversée du vide il n'y a pas de nouveauté possible. En ce sens, plutôt que de faire un plaidoyer pour un droit à la fragilité, je préfère en faire l'éloge. Le droit peut enfermer dans une logique de dénonciation et de victimisation qui suscite uniquement de la protection et de la réparation. Or la fragilité n'est pas seulement à corriger et à accompagner, mais elle peut devenir terreau de nouveauté. Certes, ce n'est pas de la fragilité elle-même qu'il faut faire l'éloge, mais plutôt de ce qu'elle permet, rend possible et révèle. La fragilité n'est pas un bien en soi, elle est la condition de l'engendrement, donc de l'émergence, du radicalement nouveau.

La fragilité : passeport vers un meilleur possible, inconnu d'avance, mais porteur de promesse. Alors l'économie, comme tous les autres domaines de la vie humaine, aurait intérêt à s'inscrire dans ce voyage.

Comment traverser la fragilisation due à la perte ou au deuil ?

Lytta Basset

On me parle du « bonheur d'être fragile ». Il faut s'entendre sur les mots. Personnellement, je n'ai pas la moindre envie d'être « fragile ». Le mot évoque pour moi la glissade dans l'anéantissement, le sentiment de s'enfoncer dans des sables mouvants, d'être incapable de reprendre pied sur quoi que ce soit. C'est la vie qui ne porte plus, le temps qui s'englue, le monde alentour qui devient fantomatique. « On ne s'en remet jamais », martelaient d'innombrables parents « désenfantés » à l'époque où le suicide récent de notre fils transformait à nouveau ma vie en champ de décombres. Pour beaucoup, cette fragilité-là est définitive. Elle rend mort vivant. Les survivants d'un tel drame se sentent plutôt sous-vivants, généralement sans le dire, pour ne pas peser...

Question de mots, donc. La fragilité n'est pas la *faiblesse*. Celle-ci est le lot de chaque être humain : en moi il y a du non-moi, dans mon être il y a du non-être qui me tire par le bas. Même après une psychanalyse, note Jacques Arènes, chacun fait face à « une certaine faiblesse inhérente à l'identité humaine », à « une souffrance liée au manque et aux limitations »[1]. C'est pourquoi Freud parlait de blessure narcissique provoquée par la psychanalyse. La vie me prend de court, je ne me connais jamais assez pour savoir comment je réagirai, je me heurte à des limites insoupçonnées. Cependant, consentir à cette faiblesse-là me donne des repères, un sentiment de sécurité, et même de force. Surprise, qui était déjà celle de l'apôtre Paul : « Lorsque je suis faible, c'est alors que je suis fort[2]. »

La fragilité n'est pas non plus la *vulnérabilité*... ou « blessabilité ». Celle-ci est l'apanage de ceux qui vivent sans entretenir de carapace :

1. Jacques Arènes, *Accueillir la faiblesse*, Desclée de Brouwer, 1999, p. 25.

2. Deuxième épître aux Corinthiens 12, 10. Paul raconte qu'il a reçu de Jésus l'explication de cette force inattendue : « Ma puissance donne toute sa mesure dans la faiblesse » (v. 9).

est vulnérable la personne qui s'expose à la relation au risque d'être blessée ; est « blessable » la personne qui préfère se laisser affecter que vivre sous anesthésie. « Ce trauma désiré, note Boris Cyrulnik, provoque l'épanouissement de soi, hors de soi, avec un autre... au risque de l'effraction. Toute rencontre est un déroutement qui peut mener à la déroute » ; en effet, « on se déroute quand on se rencontre, sinon on ne fait que se croiser ou s'éviter »[1]. Et la vie perd toute saveur !

La fragilité, enfin, n'est pas la *passivité consentie.* Dans la tradition juive, les Sages parlent du mérite de pleurer. La voie royale de la rencontre avec Dieu serait une « passivité méritoire » : « Consentir aux émotions, indique la philosophe juive Catherine Chalier, [...] passe par une revalorisation de la passivité puisque l'homme ne prend pas l'initiative de son émotion[2]. » Je ne vois pas là l'expérience de la fragilité : consentir à l'émotion qui vient (et Dieu sait qu'on peut lutter contre, avec succès), c'est avoir encore la

1. Boris Cyrulnik, *Parler d'amour au bord du gouffre*, Odile Jacob, 2004, p. 124.

2. Catherine Chalier, *Traité des larmes. Fragilité de Dieu, fragilité de l'âme*, Albin Michel, 2008, p. 156.

liberté de faire face ainsi à la situation ; c'est être d'accord de réagir de cette manière-là. La fragilité, en revanche, évoque pour moi un état d'impuissance non consentie, sans aucune marge de manœuvre... et *sans vis-à-vis.* En effet, selon Catherine Chalier, l'Infini se rend présent à celui qui consent à pleurer : l'eau des larmes « se fraie soudain, sous l'effet de cette passivité, un mince passage dans la glaciation entretenue par la suffisance à soi [...]. Ce ne sont toutefois ni le désespoir ni l'affliction qui la font pleurer, mais bien la joie du chemin retrouvé de l'alliance dans une âme jusqu'ici fermée à elle[1] ». N'est-ce pas autrement plus fécond que l'enlisement dans la fragilité ?

Pourquoi parler plutôt de fragilisation ?

Pour éviter l'installation dans un statut de « fragile ». L'étiquette est vite collée : « C'est une personne fragile ! » Voilà le « fort » qui ne pleure jamais, bien conforté dans son illusion ! Là, il convient de ne pas se fier aux apparences : « Il faut se méfier de l'expression de la souf-

1. *Ibid.*, p. 84.

france, écrit Boris Cyrulnik, ceux qui l'expriment le plus ne sont pas les plus altérés puisqu'ils ont encore la force de la manifester. Alors que ceux qui montrent une sidération affective perturbent moins l'entourage, mais ils témoignent d'une agonie psychique[1]. » Le pire, c'est quand l'étiquette se transforme en identité : la personne a fini par intérioriser l'image d'elle-même qu'on lui présentait. Parce qu'elle ne savait plus qui elle était. Il aurait fallu lui laisser le temps de se retrouver.

Ensuite vient la déresponsabilisation : être fragile, alibi pour ne plus avancer, ni grandir, ni chercher ce chemin ardu de l'« accomplissement » qui oriente la vie humaine et que promet l'Évangile[2]. Mais aussi, être fragile met souvent à l'abri de toute mise en cause, reproche ou conflit : On ne peut pas lui faire ça : il/elle va s'effondrer. Et voilà la personne qui devient dominante – « dictature des faibles », dénonçait déjà Nietzsche. Ou, à l'inverse, c'est

1. Boris Cyrulnik, *De chair et d'âme*, Odile Jacob, 2006, p. 90 sq.

2. « Vous serez par-faits/par-achevés/accomplis comme votre Père céleste est par-fait/par-achevé/accompli » (Mt 5, 48).

l'entourage, trop heureux de dominer, qui a tout intérêt à enfermer autrui dans son statut de fragile. D'où l'utilisation perverse des Béatitudes, selon Jacques Arènes, « cette manière pernicieuse de valoriser la faiblesse afin de maintenir les simples dans quelque oppression[1] ».

Pour indiquer un processus s'inscrivant dans le temps. Il y a eu fragilisation par rapport à un vécu de relative stabilité, d'adhésion à la vie, de « bonne puissance », selon l'expression de Maurice Bellet : jusque-là, la personne n'était pas nécessairement dans un fantasme de toute-puissance en ce qui concerne sa manière de mener sa vie ; simplement, parmi les traumatismes et les événements déclenchants, la perte de quelque chose ou de quelqu'un d'essentiel l'a ébranlée jusque dans ses fondations. Elle ne se reconnaît plus. « Fragilité » sonne comme un diagnostic définitif. « Fragilisation » évoque à la fois un passé qui a été fiable et l'ouverture sur un devenir qui reste à découvrir. Il semble qu'on accepte plus facilement d'avoir été fragilisé par quelque chose que d'entrer dans la catégorie des personnes fragiles. « Vous êtes cassée,

1. Jacques Arènes, *Accueillir la faiblesse, op. cit.*, p. 117.

n'est-ce pas ? » m'a demandé une dame âgée peu après notre drame. Avec le recul, des années plus tard, je pense qu'elle avait vu juste : un des mots hébreux exprimant la fragilité est *shevirout.* Or, *shèvèr,* qui est de la même famille, signifie « fracture », et le verbe correspondant, *shâvâr,* « fracturer, casser, mettre en pièces » ! Et je préfère avoir été véritablement cassée, avoir touché le fond… et n'avoir pas rejoint les rangs de ceux qui disent « On ne s'en remet jamais. »

Pour rendre chacun et chacune sujet de sa propre traversée de la fragilisation. Nul ne connaît l'avenir d'une personne fragilisée par un ou plusieurs événements. « On » ne réagit pas, toujours et fatalement, de telle ou telle manière. Aux personnes les plus fragilisées – même à celles que la société avait étiquetées « paralytiques » ou « possédées » – Jésus demandait des nouvelles de leur désir : « Veux-tu guérir ? », « Que voulez-vous que je fasse pour vous ? » Ne sachant pas ce que tu désires, l'appel que tu entends ou n'entends pas au fond de toi, je ne maîtrise ni la gravité de ta fragilisation ni ce que tu peux devenir. Aucune démarche de connaissance de soi, psychanalytique ou autre, n'immunise quiconque contre les effets d'une expérience de fragilisation. Essentielle humilité : moi seule vis cela… et je ne *sais* pas – vous non plus ! –, je n'ai aucune idée, à l'avance, de ce dont je suis capable dans cette situation.

Pour évoquer une expérience dont personne n'est à l'abri. Si une malheureuse catégorie de la population est officiellement fragile, on risque d'entretenir l'illusion de n'être pas concerné. En revanche, parler de *fragilisation* éveille une inquiétude en définitive féconde : cela peut arriver à tout moment à n'importe qui, soit à la suite de circonstances extérieures, soit en raison de facteurs internes comme l'irruption d'un passé qu'on croyait réglé ou dont on ignorait l'existence. C'est ici qu'on retrouve la responsabilité. Dès que je consens à la lucidité – « cela n'arrive pas qu'aux autres » –, un espace s'ouvre pour la solidarité : j'ai le sentiment d'appartenir à la même humanité, j'adopte des conduites d'inclusion là où, auparavant, j'avais tendance à fuir les personnes fragiles dont la simple vue me parlait de ma possible fragilisation. Pour Paul Ricœur, le lieu de la fragilité, c'est « la responsabilisation de chaque citoyen. Il faut qu'il sache que la grande cité est fragile, qu'elle repose sur un lien horizontal constitutif du vouloir-vivre ensemble[1] ».

Dimension politique, donc, de la prise en compte des personnes fragilisées. On devient capable de les inclure vraiment, en profondeur, quand on a traversé soi-même des périodes de fragilisation, mais aussi déjà quand on reste sensible à ce qui leur arrive : on s'identifie à elles… et on reste lucide !

Le devenir de l'expérience de fragilisation se laisse entrevoir ainsi : nous ne serons plus jamais comme avant ; potentiellement, nous avons rejoint tout être humain dans une existence également précaire pour chacun ; nous devinons que nous ne pourrons jamais nous passer des autres : quelle que soit la prochaine fragilisation, ils seront là ; et nous désirons garder la mémoire de ce qui nous a permis de traverser le temps de cette fragilisation.

1. Paul Ricœur, « Responsabilité et fragilité » (1992), *Autre temps. Cahiers d'éthique sociale et politique*, n° 76-77, 2003, p. 135.

Quels garde-fous pour la traversée ?

Rester dans le non-pouvoir quant au passé. Même si, dans le deuil, on croit avoir « tué » l'autre et qu'on est traité comme un pestiféré, ne pas s'installer dans la culpabilité. Descendre dans sa radicale impuissance : « Je ne suis pas maître de la vie et de la mort, pas même de celle de mon enfant. » Renoncer à se donner autant d'importance. Descendre jusqu'à n'être plus que soi, sans prise sur rien… et alors prendre conscience de son assise : « Dans cette impuissance sans futur, j'existe pourtant. »

Rester dans le non-savoir quant à l'avenir. Lâcher l'explication par la malédiction, qui n'explique rien, car alors pourquoi serait-on maudit ? Ne pas hypothéquer demain, après-demain, nul ne sait… À l'heure où prier ne se peut pas, s'employer à devenir vigilant. C'est premier : « Veillez et priez », disait Jésus. D'abord veiller, c'est-à-dire rester éveillé, vigilant à ne pas savoir ce que pourra bien être la vie. Surtout, par-dessus tout, s'abstenir de projeter le présent sur l'avenir. Se mettre à l'abri dans l'inconnaissable : « Le temps m'échappe, comme le Tout Autre... »

Apprendre à se laisser faire. Remarquer, s'approprier, engranger le moindre signe d'affection, la plus modeste marque de soutien, le geste de solidarité le plus maladroit. Croire qu'on fait encore partie des vivants puisqu'on est inclus – même si la douleur est telle qu'on ne le sent pas. Envisager qu'on a tout de même une consistance à leurs yeux – quand bien même on se sent fantôme. Et puis laisser venir tout ce qui vient du tréfonds : le sentiment d'irréparable – rester dans ce tombeau ; le sentiment du dérisoire de tout effort – goûter la disparition du volontarisme ; le sentiment imprévu de joie – abandonner la compulsion à être « normal ».

Regarder la réalité en face. Ne pas recouvrir ce pire qui est arrivé. Prendre la mesure de l'irréparable. Rester debout, les mains vides dans une lucidité qui laisse déferler la douleur. Être avec les femmes de l'Évangile, devant Jésus mort, « debout à distance, voyant cela » (Lc 23, 49). Une lucidité rendue possible par la présence des autres. Pour cela, éviter de se cadenasser dans une souffrance qu'on finirait par absolutiser – « personne ne peut comprendre », « l'autre souffre moins que moi ». Voir ceux qui se tiennent là autour, confrontés à leur propre croix. Et puis, plus tard, se souvenir que ces femmes-là furent les premières à voir Jésus vivant-autrement. Faire le lien, alors, avec l'insupportable lucidité qu'on a traversée sans en connaître l'issue, sans prévoir que la force indestructible de la Vie naîtrait de la pire des fragilisations.

Laisser venir les résonances avec les pertes passées. Ouvrir les yeux sur l'ampleur de la fragilisation – la perte d'aujourd'hui qui souterrainement rejoint les pertes de jadis, celles qu'on croyait de la « vieille histoire » ; les destructions de relation qui font mal à nouveau, avec la pensée de la fatalité qui n'est pas loin (« ça finit toujours mal pour moi »). S'orienter vers un questionnement sur soi-même, qui un jour débouchera peut-être sur une décision : « Est-ce qu'il m'est définitivement impossible de m'investir dans la relation ? Est-ce qu'à travers tout cela, je vais pouvoir intégrer une perte plus ancienne ? La confiance est-elle encore possible, par-delà la perte, la mort, la séparation ? »

Traverser l'expérience de la confusion. Avoir envie de mourir avec la personne morte. Ne plus savoir si on est vivant ou mort. Oser les mots qui mettent un peu de distance : « Je me sens crucifié(e) » – alors il y a bien un « je » qui parle de celui ou celle qui vit l'innommable. Un « je » qui est autre et davantage. Mais ce « je » est seul à le vivre *ainsi,* même dans les familles les plus unies. S'accrocher à ce « je », y amarrer sa barque tandis que le tohu-bohu de la tempête plonge vivants et morts dans l'indifférenciation. Prendre Job pour compagnon, lui qui, ayant tout perdu, ne percevant plus aucun vis-à-vis, aspire à une « terre d'obscurité et d'ombremort, terre de ténèbre comme nuit noire, d'ombrement et d'absence d'ordre, [terre] qui brille comme nuit noire » (Job 10, 21 sq.). Et puis, pourtant, ne pas se laisser engloutir dans la confusion. Appeler son proche décédé en sachant bien qu'il ne répondra pas : « Où es-tu ? Où que tu sois, j'ai un besoin vital d'être en lien avec toi. » Mais au cœur de ce cri sans réponse, entendre l'aspiration du « je » à retrouver le « tu »... et commencer ainsi à mettre le pied sur la terre ferme de la différenciation.

Laisser la personne s'en aller. Commencer par la retenir de toutes ses forces. Parler d'elle et de soi, raconter à qui veut et peut l'entendre, apprivoiser l'indicible, humaniser l'inhumain. Se parler, entre vivants et morts vivants : une affaire de vie ou de mort. Découvrir un minimum de langue commune. Dire ce qu'on ressent, humblement, sans honte, au plus près de ses besoins – « devenir comme un enfant » (Mt 18, 3), oublier de se montrer autosuffisant. Et puis, peu à peu, entendre autrement la parole donnée par Jésus à ses amis peu avant sa mort et leur fragilisation : « Demeurez en *moi* comme je demeure en vous ! » (Jn 15, 4). Gardez la mémoire vive de moi, Jésus de Nazareth. Mais surtout, demeurez dans ce Moi qui vit en chacun de vous, ne vous coupez jamais de vous-mêmes, restez au plus près de vous, attentifs à vous-mêmes, puisque là demeure ce Moi indestructible – le Tout Autre, dans votre chambre la plus reculée – qui vous fera traverser sains et saufs le temps de votre fragilisation… Alors, laisser partir son proche et commencer à le percevoir vivant-autrement, au plus intime de ce Moi largement inconnu jusque-là…

Jésus fragilisé par la mort de son ami Lazare

L'évangéliste Jean est le seul à nous raconter une histoire de vie et de mort survenue près de Jérusalem, dans le village de Béthanie (Jn 11, 1-44) : comment Jésus a-t-il lui-même traversé la fragilisation due à la mort de son ami Lazare ? Comment a-t-il pu accompagner Marthe et Marie sur ce chemin-là ?

(1) Quelqu'un était malade/faible : Lazare de Béthanie, le village de Marie et de sa sœur Marthe.
(2) Marie était celle qui avait oint le Seigneur de parfum et lui avait essuyé les pieds avec ses cheveux. C'était elle dont le frère Lazare était malade/faible.
(3) Les sœurs, donc, lui envoyèrent dire : « Seigneur, voici, celui que tu aimes est malade/faible. »
(4) Ayant entendu, Jésus dit : « Cette maladie/faiblesse n'est pas pour la mort, mais pour la gloire de Dieu, afin que par elle le fils de Dieu soit glorifié. »
(5) Jésus aimait Marthe et sa sœur et Lazare.
(6) Quand il entendit qu'il était malade/faible, il resta pourtant deux jours encore au lieu où il était.

(7) Ensuite, après cela, il dit aux disciples : « Allons de nouveau en Judée ! »

(8) Les disciples lui disent : « Rabbi, les juifs cherchaient récemment à te lapider et tu veux retourner là-bas ? »

(9) Jésus répondit : « N'y a-t-il pas douze heures de jour ? Si quelqu'un marche le jour, il ne trébuche pas parce qu'il voit la lumière de ce monde ;

(10) mais si quelqu'un marche la nuit, il trébuche parce que la lumière n'est pas en lui. »

(11) Il dit cela et ensuite il leur dit : « Lazare notre ami s'est endormi, mais je vais le tirer de son sommeil. »

(12) Les disciples lui dirent alors : « Seigneur, s'il s'est endormi, il sera sauvé. »

(13) Or Jésus avait parlé de sa mort. Mais ils croyaient, eux, qu'il parlait de l'endormissement du sommeil.

(14) Alors Jésus leur dit franchement : « Lazare est mort

(15) et je me réjouis à cause de vous de n'avoir pas été là – afin que vous croyiez ! Mais allons à lui ! »

(16) Alors Thomas, dit Didyme, dit aux condisciples : « Allons nous aussi pour mourir avec lui ! »

(17) Étant donc venu, Jésus le trouva depuis quatre jours déjà au tombeau.

(18) Béthanie est proche de Jérusalem, à environ quinze stades.
(19) Beaucoup de juifs étaient venus chez Marthe et Marie pour les consoler au sujet de leur frère.
(20) Marthe donc, quand elle entendit que Jésus arrivait, alla à sa rencontre. Marie, elle, était assise dans la maison.
(21) Alors Marthe dit à Jésus : « Seigneur, si tu avais été là, il ne serait pas mort, mon frère,
(22) [mais] même maintenant je sais que tout ce que tu demanderas à Dieu, Dieu te le donnera. »
(23) Jésus lui dit : « Il ressuscitera, ton frère ! »
(24) Marthe lui dit : « Je sais qu'il ressuscitera à la résurrection au dernier jour. »
(25) Jésus lui dit : « Moi je suis la résurrection et la vie. Qui croit en moi,
(26) même s'il est mort, vivra, et tout vivant qui croit en moi ne mourra jamais, pour l'éternité. Crois-tu cela ? »
(27) Elle lui dit : « Oui, Seigneur. Moi je crois que toi tu es le Christ, le fils de Dieu, celui qui vient dans le monde. »
(28) Ayant dit cela, elle partit appeler Marie sa sœur et lui dit tout bas : « Le maître est là et il t'appelle. »
(29) Quand celle-ci l'entendit, elle se réveilla immédiatement et alla vers lui.

(30) Or Jésus n'était pas encore venu dans le village, mais il était encore à l'endroit où Marthe était allée à sa rencontre.

(31) Les juifs qui étaient avec Marie dans la maison pour la consoler, la voyant se lever précipitamment et sortir, la suivirent donc croyant qu'elle allait au tombeau pour y pleurer.

(32) Marie, donc, quand elle arriva à l'endroit où était Jésus, l'ayant vu, se jeta à ses pieds en lui disant : « Seigneur, si tu avais été là, mon frère, il ne serait pas mort. »

(33) Jésus, donc, la voyant pleurer et les juifs venus avec elle pleurer [aussi], fut fortement ému dans l'esprit et il se troubla/s'inquiéta/s'effraya,

(34) et il dit : « Où l'avez-vous mis ? » Ils dirent : « Seigneur, viens voir ! »

(35) Jésus pleura

(36) et les juifs disaient : « Voyez comme il l'aimait ! »

(37) Mais quelques-uns d'entre eux dirent : « Ne pouvait-il pas, lui qui a ouvert les yeux de l'aveugle, faire aussi que celui-ci ne meure pas ? »

(38) Alors, à nouveau, Jésus étant fortement ému en lui-même, alla vers le tombeau. C'était une grotte, avec une pierre posée dessus.

(39) Jésus dit : « Enlevez la pierre ! » La sœur du mort, Marthe, lui dit : « Seigneur, il sent déjà, il y a en effet quatre jours… »

(40) Jésus lui dit : « Ne t'ai-je pas dit que si tu crois tu verras la gloire de Dieu ? »
(41) Ils ôtèrent donc la pierre. Et Jésus leva les yeux en haut et dit : « Père, je te remercie de ce que tu m'as entendu.
(42) Moi je le sais : tu m'entends toujours. Mais j'ai parlé à cause de la foule là autour, pour qu'ils croient que toi tu m'as envoyé. »
(43) Ayant ainsi parlé, il cria d'une voix forte : « Lazare, ici dehors ! »
(44) Le mort sortit, les pieds et les mains liés par des bandes et son visage était enveloppé [litt. : lié-autour] d'un linge. Jésus leur dit : « Déliez-le et laissez-le s'en aller ! »

Paradoxes du récit, paradoxes humains. L'amitié entre Jésus et Lazare est mentionnée quatre fois[1]... mais au lieu d'accourir à Béthanie, Jésus « traîne » comme s'il fuyait cette réalité de la fin de vie de son ami. Est-ce là notre réflexe classique devant la fragilisation d'autrui parce qu'elle nous renvoie à la nôtre ? Est-il secondaire, à ses yeux, de s'efforcer d'atténuer ou d'éviter à autrui (ses amies Marthe et Marie) la souffrance

1. « Celui que tu aimes est malade » (v. 3), « Or, Jésus aimait Marthe et sa sœur et Lazare » (v. 5), « Lazare notre ami... » (v. 11), « Voyez comme il l'aimait ! » (v. 36).

liée à la fragilisation ? Ou bien est-il *poussé* à ne rien faire pour empêcher le malheur ? Le fils de Dieu serait-il dispensé de traverser la fragilisation due à la mort d'un proche ? Se tiendrait-il au-dessus de cette expérience humaine incontournable ? Ce serait oublier qu'il s'est toujours dit « fils de l'homme », héritier à part entière de la condition humaine : on ne le voit pas, dans les évangiles, se montrer inhumain à force d'être croyant. La mort d'autrui l'a profondément affecté, comme elle nous affecte tous. Mais le récit présente plusieurs paradoxes riches de sens.

Premier paradoxe, l'attitude de Jésus. Non seulement il ne se précipite pas, mais il affirme que « cette maladie/faiblesse [*astheneia*] n'est pas pour [orientée vers] la mort, mais pour [vers] la gloire de Dieu » (v. 4), et il dira plus tard à propos de la mort de son ami : « Je me réjouis de n'avoir pas été là » (v. 15). Cependant, il sera à deux reprises profondément déstabilisé, bouleversé, et en larmes, montrant ainsi des signes évidents de fragilisation (v. 33, 35 et 38). Telle est bien l'ambivalence humaine : en nous cohabitent de solides certitudes et des zones susceptibles de fragilisation, si bien qu'il est assez vain de demander à une personne croyante fragilisée par le deuil : « Avez-vous perdu la foi ? »

L'attitude de Marthe n'est pas moins paradoxale : après un moment lumineux où elle prononce une très authentique confession de foi-confiance en Jésus, elle part « appeler » sa sœur restée prostrée dans la maison. Elle le fait de sa propre initiative – Jésus ne l'en a pas chargée – et, ce faisant, elle la re-suscite à la vie en la poussant à communiquer à nouveau. Cependant, devant la détermination de Jésus à faire triompher la vie, Marthe objectera : « Il sent déjà » (v. 39). L'évangéliste insiste : c'est « la sœur du mort, Marthe », qui objecte cela. Remarque superflue : il y a longtemps que le lecteur a compris le lien de parenté entre Lazare et elle ! Oui mais, plus profondément, Marthe ne se montre-t-elle pas, à ce moment-là, *sœur de la mort*, apparentée à la mort ?

Même mélange d'extrême fragilisation et de force chez Marie. On la voit « assise dans la maison », au v. 20, repliée sur elle-même au point de ne pas « entendre Jésus arriver », à la différence de Marthe. Le reproche à l'égard de Jésus ne viendra que plus tard (« si tu avais été là... »). Maintenant, c'est le temps de la sidération, quand tout devient égal et qu'on ne remarque même pas la présence des autres. Cependant vient le moment où Marie se montre capable d'« entendre » sa sœur, de « se réveiller immédiatement » et d'« aller vers Jésus » (v. 29). Alors seulement ses larmes peuvent couler : re-suscitée à la relation, elle n'est plus engloutie dans l'absolutisation d'une souffrance sans vis-à-vis.

Même combat, donc, pour ces trois personnages du récit, même alternance entre une réelle force de vie et une fragilisation redoutable – celle qui serine aux oreilles de tout être humain qu'aucune relation ne survit à la perte, que l'amour ne survit pas à la mort...

L'enjeu de l'expérience de fragilisation. Malgré l'urgence donc Jésus n'est pas venu. Et si, mû par plus fort que lui, il s'était senti poussé à traverser avec les autres la douleur de la perte, du deuil ? Poussé à ne pas céder à l'illusion de pouvoir lui-même combler le vide ? Poussé à laisser l'Amour combler ce vide, prendre la place de la mort ? En effet, les verbes grecs disent quelque chose de cela. Au v. 3, on annonce à Jésus : « Celui que tu *aimes* est malade » (du verbe *phileô* qui signifie « aimer d'amitié, aimer bien, aimer spontanément »).

En revanche, au v. 5, l'évangéliste indique que Jésus « *aimait* Marthe et sa sœur et Lazare », du verbe *agapaô* d'où vient l'amour *agapè*, cet « amour inconditionnel, gratuit », qui résiste à la réalité de l'ennemi, amour dans la non-fusion non-confusion, amour dans la différenciation, amour qui laisse de l'espace entre soi et autrui… pour que le Tout Autre – Dieu source de tout amour – puisse s'y déployer de tout son « poids », car tel est le sens premier de la « gloire » dans la Bible hébraïque. Alors, n'est-ce pas parce qu'il les aimait de cet amour-là que Jésus a pu « perdre » deux jours ? Ne pressentait-il pas que cette maladie/faiblesse était orientée non vers la mort mais vers le poids / la consistance du Dieu Tout Amour – Celui qui donne tout son poids, toute sa consistance aux relations humaines ?

Nos fragilisations se trouveraient-elles ainsi orientées vers l'expérience d'une consistance divine, d'un Amour qui pèse son pesant d'or en chacun de nous et entre nous ? Oui, mais ce que le récit met dans une lumière crue, c'est que nul n'avance dans cette direction sans se confronter à la perte d'un proche, qui le renvoie à sa propre mort. Pas même Jésus. Il a beau se sentir habité d'une force qui est la Vie même – « Moi je suis la résurrection et la vie » (v. 25), je suis tout entier destiné à la Vie –, il se montrera « fortement ému dans l'esprit [...] *troublé/inquiété/effrayé* » (v. 33). D'un verbe *tarassô* qui apparaît trois fois dans cet évangile, toujours en lien avec la mort de Jésus[1]. On pourrait dire que, fragilisé par les signes concrets de la mort de son ami, il s'est trouvé confronté à sa propre mort et qu'il a dû, comme tout être humain, traverser sa peur de mourir, ce qui nous le rend plus crédible que jamais.

Intégrer la perte, sortir de la fragilisation. L'issue paraît d'abord impossible : intégrer l'inintégrable ! Il y faut une étrange alchimie : être re-suscité par autrui et ressusciter soi-même, à la fois quelque chose de passif et quelque chose d'actif. Ainsi avons-nous vu Marie re-suscitée, « réveillée » par sa sœur (v. 29) : ce n'était pas son initiative, cela lui venait du dehors d'elle-même. Mais il lui appartenait de « se lever précipitamment » (v. 31) et d'aller

1. Ici en Jn 11, 33 ; en Jn 12, 27 sq. , dans une formulation proche de celle de la prière de Gethsémané ; et en Jn 13, 21 au moment où Jésus annonce qu'un de ses amis va l'envoyer à la mort sous la torture.

vers les autres : elle avait entendu, encore lui fallait-il répondre, se lever sans tarder. Or, nous avons là les deux seuls verbes qui dans les évangiles diront l'événement de Pâques : Jésus sera « *réveillé* d'entre les morts » (par Autre que lui) et il « se *lèvera* d'entre les morts »...

L'histoire de Béthanie parle donc de nos résurrections au quotidien, d'un chemin que tout être humain peut emprunter à son rythme : traverser le temps de la fragilisation comme on se laisse aller au sommeil, à la mort de soi sans lutter, consentir à entrer dans ce tombeau où l'avenir a disparu... et découvrir peu à peu, quand monte l'aube, qu'il est vide. S'étonner, entrouvrir les yeux, entendre alors une voix Autre, sentir sur sa peau la pression discrète d'autrui en mal de relation... se lever !

Jésus l'avait pressenti dès le début : aucune maladie/faiblesse/fragilisation n'est orientée vers la mort sans lendemain, l'anéantissement définitif. Quelqu'un aimante la vie humaine, par tous les temps, un Tout-Autre-que-la-mort. Il n'empêche que la durée interminable de la fragilisation est à traverser pour que peu à peu se vérifie l'intuition de départ – celle d'une Réalité qui n'est pas menacée de mort. Nul ne peut le faire tout seul. Il faut que les autres s'en mêlent. Il en a été ainsi dans ma propre traversée : à l'heure où les mots qui disent Dieu étaient devenus exsangues, où je n'existais plus assez pour en appeler à ce Tout-Autre-que-la-mort, seuls les humains m'offraient au quotidien l'évidence d'une réalité qui subsistait – leur corps, la densité de leur présence, leur soutien, leur affection, leur prière, leur simple existence. À l'heure où la mort avait tétanisé la foi et l'espérance jusqu'au lieu même de la Source en moi, demeurait l'amour comme une évidence ou plutôt le lien interpersonnel, tout de bienveillance. Dieu s'était glissé, incognito, dans notre horizontalité...

Longtemps, l'inintégrable reste assourdissant. Mais on peut prêter l'oreille... et le vide du tombeau intérieur favorise l'ouïe. On est seul alors à décider d'accorder ou non de l'importance à ce qu'on entend d'Autre. L'évangéliste utilise six fois le verbe « entendre » dans notre récit, s'agissant de Marthe, Marie, Jésus... et pour finir du Père (v. 41 sq.). On dirait que s'entendre les uns les autres prédispose à se sentir entendu de Dieu. À Béthanie, les autres sont là, de nombreux autres « venus consoler » les deux sœurs (v. 19), assis dans la maison auprès de Marie au temps de sa prostration (v. 31), témoins du chagrin de Jésus (v. 36), exprimant le même regret teinté de reproche au sujet de l'arrivée tardive de Jésus (v. 37). Essentielle solidarité, sans laquelle la fragilisation tourne à la noyade. « La perte est individuelle, mais le deuil est collectif, souligne Boris Cyrulnik. Lorsque les pertes ne sont ni entourées ni sensées, il ne reste à l'endeuillé qu'à se recroqueviller pour moins souffrir. » Alors, sans la socialisation de la détresse, « la perte n'est pas un deuil, c'est un trou dans l'âme, un vide sans représentations, un kyste, une crypte dans un monde intime qui se prépare au clivage [...]. La perte est irrémédiable, alors que le deuil évolue comme un traumatisme, selon ce qu'en feront la famille et la culture »[1].

Le fin mot de l'histoire. Jésus avait « entendu » davantage encore : « Cette maladie/faiblesse n'est pas pour [orientée vers] la mort, mais pour la gloire [vers le poids/la consistance] de Dieu... afin qu'à travers elle le fils de Dieu soit glorifié [rendu consistant/ait du poids] » (v. 4). Or, aux dires de Jésus lui-même, chaque être

1. Boris Cyrulnik, *De chair et d'âme*, *op. cit.*, p. 80 sq. et 90.

humain dans son sillage devient fils ou fille de ce Père invisible. Je dirais pour ma part que cette redoutable fragilisation m'a orientée vers l'expérience de ma « consistance », d'une parole en « je » qui a du poids et d'une existence qui compte. C'est le sentiment d'avoir traversé la mort et de commencer à prendre pied dans Cela seul, Celui-là seul, Celle-là seule qui n'est que vie – là où je retrouve le lien avec l'être que j'avais perdu. Telle est aussi l'expérience de très nombreuses personnes fragilisées par la perte ou le deuil, par-delà la lente acceptation de l'implacable émondage.

On comprend maintenant pourquoi Jésus s'était réjoui de n'avoir pas été là : « À cause de vous, afin que vous croyiez » (v. 15), avait-il ajouté – « afin que vous fassiez confiance », peut-on aussi traduire. En effet, n'est-ce pas dans ce vide laissé par la perte irréparable – vide qu'il n'a jamais cherché à combler – que se tenait précisément, dès le début, le Tout-Autre-que-la-mort ? « Afin que vous (re)trouviez la confiance » en Celui qui n'est que vie : qui accueille et recueille les vivants de la Terre, les plus que vivants qu'on appelle à tort des morts, et les morts vivants que sont les personnes encore fragilisées. Joie de Jésus à l'évocation de ce vide, de cet espace saint dont chaque humain est porteur, au plus intime. Joie de Jésus à l'idée que personne, pas même lui, ne doit s'efforcer d'occuper cette place sous prétexte de vouloir consoler autrui : quelle libération pour l'entourage d'une personne fragilisée, y compris pour les thérapeutes et les accompagnants !

L'image du vide nous oriente vers l'aboutissement du récit où il est question à trois reprises, en un verset final, de « lier-délier »... pour faire de la place, pour que la Plénitude puisse habiter le vide en nous et entre nous : « Le mort sortit les pieds et les mains *liés* par des bandes et son visage était *lié*-autour d'un linge [enveloppé]. Il leur dit : « *Déliez*-le et laissez-le s'en aller ! » (v. 44). Si nous laissons l'invitation à « délier le mort » résonner dans la profondeur de nos existences, sans doute saurons-nous repérer en nous-mêmes un Lazare mort d'étouffement. Ce peut être la personne qui nous a quittés ou le bien, le rêve, l'objet précieux que nous avons irrémédiablement perdu. Ce peut être la part nécrosée de nous-mêmes, ce qui, en nous, est resté otage de la mort : nous serions alors encouragés à « délier le mort vivant » que nous étions devenus. En même temps, ce sont peut-être aussi les autres, autour de nous, que notre douleur a transformés en fantômes, morts vivants sans consistance à nos yeux…

Dans ce sens, un midrach sur le psaume 137 répond ainsi à la question « Pourquoi l'eau des larmes est salée ? » : « Autrement on deviendrait aveugle à force de pleurer sur les morts [...], incapable de percevoir ceux et celles qui vivent présentement, en levant souvent sur soi un regard d'attente qu'il ne faut pas décevoir. Le sel des larmes aurait cette valeur d'avertissement : il ferait mal afin que l'on cesse de faire mal aux vivants de maintenant, en s'aveuglant à eux sous prétexte que les morts d'hier devraient capter tout l'amour[1]. »

Une promesse de solidité

« Et les juifs disaient : “Voyez comme il l'aimait !” Mais quelques-uns d'entre eux dirent : “Ne pouvait-il pas, lui qui a ouvert les yeux de l'aveugle, faire aussi que celui-ci ne meure pas ?” » (v. 36 sq.). Eh bien non ! La fragilisation n'épargne aucun être humain. Et le

1. Catherine Chalier, *Traité des larmes*, *op. cit.*, p. 143.

plus grand amour humain – celui qui s'abreuve à la Source de l'amour, comme c'était le cas pour Jésus – ne saurait prémunir contre la perte irrémédiable et la fragilisation qui s'ensuit. « En énonçant que "tout est possible", écrit Michel Benasayag, [notre société] nous condamne à la fatalité la plus totale, au néant, en nous empêchant de cohabiter avec notre fragilité fondamentale[1]. »

Du coup, c'est l'entourage qui devient déterminant, et non la personne fragilisée qui seule a un problème, ou fait problème : elle peut reprendre pied dès qu'elle est re-suscitée à communiquer, donc à faire encore partie du monde des humains. Et il est à la portée de n'importe qui de tendre ainsi un bout de passerelle en direction de la personne fragilisée, par-dessus l'abîme du vide provoqué par la perte irrémédiable. Jusqu'au jour où, peut-être, elle s'apercevra que cette passerelle est d'origine divine.

Une solidité nous est bel et bien promise dans la Bible. Nous avons une réelle possibilité de « bâtir sur le roc » et non sur le sable[2] :

1. Michel Benasayag, *La Fragilité,* La Découverte, Poche 2007 [2004], p. 18.

2. Cf. Mt 7, 24-27 et Lc 6, 47-49.

petite parabole des évangiles, qui ponctue une invitation pressante de Jésus à faire aux autres ce que nous aimerions qu'ils fassent pour nous. Cheminement exigeant, mais gros de bons fruits à venir. Et celui-là seul qui, ne se contentant pas de bonnes paroles, « fait les paroles que je viens de dire », conclut Jésus, ressemble à un homme qui a bâti sa maison sur le roc.

Pour ma part, je ne m'imaginerais jamais être devenue un roc. Mais ayant coulé à pic et touché le fond – une fois suffit ! –, j'ai pu m'appuyer sur le roc de ce que les autres ont fait pour moi. Et quelles que soient mes prochaines fragilisations, je sais d'expérience que ce fond est solide. Je ne vois pas d'autre roc sur lequel continuer à bâtir ma maison.

II

Fragilité de l'autre, fragilité de soi

De la fragilité jaillit la lumière

Jean Vanier

De la fragilité jaillit la lumière. De la fragilité jaillit la beauté. De la fragilité jaillit un appel, un cri pour la relation. Et c'est seulement s'il y a réponse à ce cri de la fragilité et qu'une relation authentique s'établit que la lumière et la beauté peuvent jaillir, être reconnues et contemplées. La relation à la personne fragile n'est pas facile, car le plus souvent la fragilité fait peur.

Oui, le cri de l'homme fragile fait peur. Il dérange. Comme le souligne Xavier Emmanuelli, la personne fragile, celle qui se trouve dans la rue, a besoin d'être reconnue, respectée afin de retrouver sa dignité, sa valeur d'être humain et sa capacité à dire « je suis quelqu'un ». L'homme fragile doit retrouver confiance en lui-même.

La fragilité dérange

Nos sociétés occidentales, riches, accomplissent en ce moment des mutations importantes. Elles aspirent à reconnaître la valeur de chaque personne tout en ayant le souci d'aider chacun à vivre le plus longtemps possible. Ces projets généreux entraînent un changement démographique qu'on pourrait représenter par une pyramide inversée : peu d'enfants, une population active plus ou moins stable, un grand nombre de personnes âgées (on prévoit à court terme en France un million de personnes touchées par la maladie d'Alzheimer). Dans nos pays riches, la population en fragilité augmente : personnes avec un handicap ou personnes âgées, malades psychiques, chômeurs, immigrants en difficulté, prisonniers, personnes dans la rue ou dans le monde de la prostitution, jeunes en grande difficulté. Il en résulte une disproportion entre le nombre de personnes faibles, dans le besoin, et le nombre de gens « forts et capables de donner ».

Le risque est alors de ne voir les faibles et les fragiles que comme une nuisance. Et il est vrai que dans une époque où l'on ne parle que de compétition, de réussite personnelle, de toute-puissance de l'économique, nous devons reconnaître que ces personnes coûtent cher à l'ensemble de la société, et qu'elles sont consommatrices de ressources et d'énergie humaines. La simplification est vite faite : ne voir dans la personne fragile que son coût, son manque de compétence, ses limites...

Ce sentiment d'inutilité de la personne fragile est renforcé du fait que nos lieux de communauté et notre sentiment d'appartenir à la même humanité sont affaiblis : la fragilité fait peur, nos limites au lieu de nous rapprocher nous éloignent. L'homme occidental contemporain est enfermé dans une peur croissante qui consiste à croire que pour être accepté par les autres, il faut être « acceptable ». Et la société, plutôt que d'être alors un lieu de communion, de protection où le plus faible pourrait être le mieux protégé, devient un lieu d'exclusion où l'on compare l'être humain, soi-même, l'autre, pour voir s'il correspond à une norme, s'il a des chances, dans cet environnement menaçant de forts, d'avoir une vie acceptable.

Le regard que nous portons sur l'engagement auprès des personnes fragiles contribue aussi à étouffer tout désir de solidarité : pour beaucoup cet engagement apparaît comme une folie, une perte de temps, une sorte de luxe humain réservé à quelques personnes spéciales et merveilleuses, à une *élite de la générosité.*

Tyrannie de la « normalité »

Mais la normalité ferme les gens sur eux-mêmes. Elle risque de détruire la capacité de solidarité, l'aptitude à écouter l'autre, le différent, à ne plus voir en lui une personne précieuse et importante. Cette normalité, posée pour la plupart comme nécessaire pour vivre, risque de devenir tyrannique.

Cette tyrannie de la normalité sur l'a-normalité s'observe déjà dans les pratiques de l'avortement de l'enfant trisomique. En France, la peur de la personne avec un handicap amène à l'avortement de 90 % des enfants détectés comme porteurs de trisomie 21. Un ancien président du Conseil national d'éthique dénonçait récemment dans *Le Monde* la dérive de notre société vers une « euthanasie rampante ». On entend parler de gens qui tuent leurs enfants « par compassion ». Le risque est réel de voir la société s'engager vers des pratiques qui consistent à se débarrasser des faibles par ignorance, par refus ou par oubli de cette réalité première que Xavier Emmanuelli nous a rappelée : les gens fragiles crient pour la relation.

Je veux le redire avec force, grâce à mon expérience de L'Arche : la personne avec un handicap souffre avant tout de ne pas se sentir faire partie d'une communauté humaine. Le plus important pour elle, ce sont les liens fraternels, l'existence de lieux de vie accueillants où personnes valides et personnes fragiles s'accueillent mutuellement et se rencontrent. Les personnes fragiles ont besoin avant tout d'un accompagnement fidèle et amical.

La relation avec la personne fragile : un défi

Qui va oser briser les chaînes de cette tyrannie de la normalité ? Quels vont être les hommes libres osant s'affranchir de la normalité, au risque d'être eux-mêmes considérés comme anormaux, fragiles, fanatiques religieux ?

Permettez-moi de citer trois exemples de personnes qui ont osé affronter, chacune dans sa vie, ce diktat de la normalité, du racisme et de la dictature nazie. Trois personnes qui ont refusé de se soumettre à des comportements considérés comme ordinaires à l'époque.

Rosa Park, femme de quarante ans, noire américaine, vivait à l'époque de l'apartheid. Elle s'est un jour délibérément installée dans un autobus aux places réservées aux Blancs. Son motif ? Elle était « fatiguée » ! Elle a naturellement été éjectée de l'autobus par la police... Ce geste d'une femme simple à l'encontre d'une loi injuste a provoqué le boycott des autobus par le peuple noir et a amené la loi sur l'intégration des Noirs dans la société américaine, préparant le terreau d'une élection possible, un jour, de Barack Obama.

Sophie Scholl, une jeune étudiante allemande de vingt-deux ans, aidée de son frère, a décidé en 1943 de refuser le nazisme et ils ont distribué des tracts sur la façon de résister par la non-violence à la dictature hitlérienne. Durant son procès, à la question « Pourquoi avez-vous fait ce geste ? », elle a répondu : « Il fallait bien que quelqu'un commence à dire ce que beaucoup d'autres pensaient tout bas. » Elle a été guillotinée.

Franz Jägerstätter, un fermier autrichien de trente-six ans, marié et père de deux enfants, a aussi été guillotiné par les nazis parce qu'il avait refusé d'entrer dans l'armée allemande. Il considérait ce régime politique comme un mal grave et ne voulait en aucun cas être associé à lui. Beaucoup de personnes de « bon conseil », y compris son évêque, lui avaient conseillé de se résigner, d'accepter la situation du pays telle qu'elle était, de ne pas « trop en faire », de se garder de tout excès fanatique. Il était bien sûr évident qu'il n'allait pas pouvoir, par ce refus, faire changer l'ordre établi... Certains sont allés jusqu'à considérer ce geste comme celui d'un déséquilibré.

Quelle était cette force poussant Rosa, Sophie et Franz à aller à l'encontre du courant de la société et à mettre leur vie et leur réputation en danger, à rompre cette fatalité de la soumission ordinaire, à *faire du nouveau* ?

Aucun engagement politique radical ou groupe de pression ne les conditionnait. Tous trois ont agi d'eux-mêmes, et pour Franz c'était de surcroît contre l'avis de personnes prudentes et avisées. Rien en eux ne laissait imaginer une telle action : ni caractère très volontaire ni force d'âme exceptionnelle, en somme des gens ordinaires sans capacité particulière.

Mais leur détermination a jailli du refus d'une contradiction interne, du refus d'une division à l'intérieur d'eux-mêmes. Ils avaient d'une part la conscience de faire partie d'une humanité commune, d'être eux-mêmes des personnes sacrées, ayant une valeur au-delà d'une société particulière, et d'autre part ils faisaient partie d'une société qui niait et foulait aux pieds ces valeurs que prônait leur conscience profonde. Cette contradiction en eux a provoqué une force de refus qui leur a fait un jour dire non à ce qui paraissait être la normalité ambiante.

Accepter encore une fois de se taire devant l'injustice aurait été une négation de leur existence. Chacun a annoncé un changement de regard en face du pouvoir.

Adolfo Perez Esquirel, prix Nobel de la paix argentin, aime à redire une idée qui lui vient de Martin Luther King : « Ce n'est pas de la méchanceté des méchants qu'il faut s'étonner, mais du silence des bons. » En eux trois existait comme une sagesse jaillissant de la source de leur être, une source d'unité et de paix qui constitue ce qui est le plus profond en chaque être humain.

La sagesse des enfants

Cette sagesse existe au cœur de chaque enfant qui vit dans la sécurité d'une famille.

Elle a été au cœur de l'expérience et de la théorie de Maria Montessori, de Françoise Dolto, de D.W. Winnicott et d'autres éducateurs et médecins, théoriciens de la petite enfance.

Chacun d'entre eux a remarqué que le petit, cet être fragile qui est à l'aube de toutes nos vies, possède ce trésor, cet appel à la sagesse qui est comme l'expression d'une aspiration vers la lumière, vers la paix de l'âme. Les règles de « normalité » viennent ensuite par l'éducation et l'école. Ce même élan de sagesse est celui qui pousse la personne handicapée, quand elle peut l'exprimer, à puiser en elle des mots ou des gestes qui sont comme un trésor fondu dans le creuset de sa vulnérabilité, et qui, redonné à l'autre attentif à lui, jaillit comme un trésor de vie.

À Paris, il y a quelques années, un petit garçon de onze ans avec un handicap intellectuel faisait sa première communion dans une paroisse. Après l'eucharistie, pendant la petite fête familiale qui suivait la cérémonie, l'oncle de l'enfant, qui était aussi son parrain, alla vers sa mère et lui dit : « Qu'est-ce qu'elle était belle cette liturgie. La seule chose qui est triste, c'est que lui n'a rien compris. » Le petit garçon l'entendit et dit avec des larmes aux yeux : « Ne t'inquiète pas, maman, Jésus m'aime comme je suis. »

Dans cette situation de grande fragilité, dans cette violence faite à sa vulnérabilité, la sagesse de l'enfant a découvert un appel à être lui-même, à poser en vérité ce qui faisait l'essentiel de sa vie. Ses mots de consolation ont redonné vie à sa mère : *de sa fragilité a jailli une lumière.*

Une histoire vivante de la fragilité : L'Arche

Je voudrais maintenant vous parler de la sagesse de L'Arche à travers le récit de l'histoire d'Éric.

Éric est venu rejoindre mon foyer de L'Arche en 1978, il avait seize ans. Il était aveugle, il était sourd, il ne marchait pas. Il était très angoissé. Rarement j'ai vu un jeune avec autant d'angoisse. Il avait été mis en hôpital psychiatrique à quatre ans, par une mère dont on peut comprendre le désarroi. Elle avait d'autres enfants, était complètement perdue devant ce petit avec un lourd handicap intellectuel. Elle était venue le voir une seule fois, mais avait été si bouleversée de la solitude terrible dans laquelle elle avait trouvé son enfant qu'elle n'avait pas pu revenir.

On peut se poser la question : Qu'est-ce que Éric savait ? Que comprenait-il de sa situation, de son handicap ?

Je ne sais pas. Je ne sais pas ce qu'il pensait car il ne parlait pas. Ce que je sais, c'est qu'un petit enfant qui vient de naître connaît s'il est aimé ou non. Cet amour passe à travers son corps, à travers le toucher, à travers le son de la voix, à la façon dont la mère répond à ses cris. Il est comme nourri par une relation aimante. Un petit enfant qui vient de naître est très vulnérable, très fragile, il n'a aucun système de défense. Mais c'est dans cette relation de la mère aimante qu'il découvre qu'il est quelqu'un : « Je t'aime, tu es précieux, tu es mon fils bien-aimé. » Il est quelqu'un, même dans sa fragilité, même dans sa pauvreté, même avec toutes les difficultés qu'il peut avoir. La relation lui donne vie et il découvre que lui aussi donne vie à sa mère.

Que se passe-t-il quand un enfant sent qu'il n'est pas voulu, sent qu'il n'est pas aimé ? Qui est-il ? Quelle est son identité ? Il entre dans une angoisse épouvantable. Si l'enfant n'est pas aimé, est-il aimable ? Éric ne savait pas qui il était.

Que cherchons-nous à vivre à L'Arche ?

Le premier besoin à L'Arche est celui de gens compétents. Pour Éric, nous avons trouvé des médecins qui ont décidé une opération des jambes grâce à laquelle il a pu marcher. Il avait besoin de ce regard qualifié de professionnels autour de lui. Mais ce dont il avait surtout besoin, c'était d'une famille, d'une communauté, d'un entourage qui lui dise : « Je t'aime comme tu es. Tu as peut-être un handicap, mais tu es mon frère et je t'aime comme tu es. »

Éric était très fragile, mais il y avait une lumière qui jaillissait de sa fragilité. Il fallait l'aider à développer ce qu'il pouvait faire grandir en lui. On pouvait entrer dans une relation avec lui à travers son corps. On lui donnait le bain. On le touchait avec respect, pour que peu à peu il découvre qu'il était quelqu'un de respectable, de précieux et d'important et que progressivement il puisse trouver confiance en lui-même. À L'Arche, nous devons être compétents, mais surtout il nous faut vivre une relation authentique avec tous les Éric.

Tous les Éric ont besoin de gens qui s'engagent à vivre auprès d'eux.

Cet art de vivre la relation avec la personne handicapée s'appelle la compassion. La compassion, ce n'est pas la pitié. La compassion, c'est approcher quelqu'un pour l'aider à se relever et pour l'aider à devenir lui-même, l'aider à exercer ses dons.

À L'Arche, nous découvrons la différence entre *générosité* et une relation plus engagée que nous pourrions nommer *communion des cœurs.*

La générosité, chacun voit ce que c'est : avoir plus d'argent, plus de connaissances, plus de temps permet de se tourner vers une personne plus faible. On donne. Mais on donne à partir d'une place de supériorité. On se penche vers le faible. La générosité est une réalité importante et belle. Mais il faudrait que cette générosité se prolonge dans une rencontre. Pour que le geste généreux donne vie, il faut aller plus loin.

La rencontre véritable, c'est connaître le nom de l'autre : « Dis-moi ton histoire et je te dirai mon nom, mon histoire. » La rencontre se fait de personne à personne, entre un cœur et un cœur. La rencontre véritable peut prendre du temps...

À L'Arche nous espérons qu'une rencontre deviendra une amitié, qu'une amitié deviendra fidélité, qu'une fidélité deviendra une alliance et une promesse. On entre dans une relation avec les personnes comme Éric pour qu'elles découvrent qu'elles font partie d'une famille plus grande, d'une humanité plus vaste.

La relation avec la personne fragile transforme

Cette relation avec la personne handicapée n'a rien de l'évidence, aller vers le faible qui crie son isolement, qui est parfois violent et qui a la certitude d'être mauvais, n'est pas facile. À L'Arche, nous savons que pour être en lien avec des personnes fragiles, il faut beaucoup de détermination, connaître la sagesse de la relation, la bonne distance du geste, ni trop près ni trop loin, avoir de l'expérience et faire partie d'une équipe ou d'une communauté et être en même temps soutenu et accompagné.

Celui qui propose son aide ou son amitié à une personne en fragilité peut le faire à partir d'un besoin qui lui est propre, en fonction d'un certain vide affectif. Cette relation peut être aussi en lien avec une envie de pouvoir et se traduire par de la domination et de l'agressivité.

Mais la vraie relation s'établit à partir d'un respect profond pour l'autre : « Que tu puisses être toi. » La vraie compassion, c'est aider l'autre à se relever. En anglais on dit *empower* : aider l'autre à devenir responsable, à découvrir la valeur de sa vie.

À L'Arche, grâce à cette vie en commun, de nombreuses personnes comme Éric commencent à se relever, à trouver une plus grande paix. Éric est décédé maintenant, mais c'était pour nous une joie de le voir devenir plus paisible. Quelquefois il était là aux repas, le visage plus tranquille, et il commençait à se nourrir tout seul. Les personnes avec un handicap en quête d'une relation amicale se développent et sont transformées.

Mais ce qui est le plus étonnant, c'est que les assistants eux-mêmes sont transformés. Entrer en communion avec quelqu'un, ce n'est plus exercer un pouvoir. Aller de la tête au cœur, des idées à la relation, transforme. La tête est le lieu des idées et on peut essayer de transformer la réalité par et à travers les idées. Mais la rencontre est le lieu de l'écoute et si je t'écoute, je suis là pour entrer en relation avec toi. Dans cette écoute je n'ai pas le pouvoir. Une vraie relation n'est jamais une relation de pouvoir, mais une communion des cœurs. Progressivement les assistants dans L'Arche découvrent qu'ils sont là pour vivre une relation de cœur à cœur avec une personne vulnérable et faible. Un chemin se fait pour accepter leur propre vulnérabilité ; ce chemin est celui du passage de la tête au cœur, avec au centre le désir que le faible se relève et se mette debout. La relation avec la personne fragile et démunie n'est pas seulement le lieu de la transformation de cette personne, mais c'est à partir de là que les forts commencent à accueillir leurs propres fragilités et deviennent ainsi plus humains.

Martin Luther King a répondu à quelqu'un qui lui demandait si le monde serait toujours un lieu où les forts se prendraient pour l'élite, domineraient et mépriseraient les plus faibles : « Oui, ce sera toujours comme ça, à moins que chacun de nous accueille ce qui est faible et brisé à l'intérieur de soi. »

Accueillir la partie fragile et la partie forte en nous nous rend plus humains. Et être humain, c'est accepter qu'il y ait un monde de ténèbres en nous, savoir que nous sommes mortels, comprendre que nous n'avons pas la Vie avec un grand V : nous avons reçu la vie et un jour nous mourrons.

Entrer dans une relation avec une personne fragile implique la découverte de cette grande égalité de notre condition d'hommes mortels, c'est accepter aussi que nous puissions, par les liens que nous créons, nous donner vie les uns aux autres. *Nous pouvons nous engendrer mutuellement.* À ce moment-là, seulement, nous découvrons que de la fragilité jaillit la lumière.

Nous découvrons à L'Arche que vivre cette relation demande qu'il y ait une communauté, ce que nous appelons un *lieu d'appartenance* où nous pouvons nous aider les uns les autres à grandir vers la maturité de l'amour, vers la sagesse de l'amour. Nous découvrons que nos communautés ne sont pas juste des endroits où nous voulons faire du bien à quelques personnes. Nos communautés veulent devenir des lieux de paix, des lieux où nous pouvons faire tomber les murs qui séparent les êtres humains, où nous pouvons grandir pour accepter et aimer l'autre, le « différent ».

Cette expérience de la fragilité n'est pas seulement celle de L'Arche, elle est universelle, mais parce que nous avons le privilège de vivre avec des personnes handicapées, nous sommes au cœur d'un secret d'humanité que nous devons dire au monde et révéler : la fragilité, quand on l'accueille et quand on l'aime, permet la relation et cette relation devient une relation de paix.

Permanence de la fragilité

Xavier Emmanuelli

Mon regard sur la fragilité a été considérablement marqué par mon métier : je suis médecin urgentiste, réanimateur, et j'ai donc traversé ma carrière professionnelle en rencontrant des gens qui sont en grand danger. Cela m'a amené à me poser de nombreuses questions sur notre place sur terre, mais aussi sur nos mécanismes de défense psychologique.

Actuellement, je m'occupe du Samu social et je suis frappé de la détresse qui accompagne notre développement. L'exclusion est devant nous, à chaque coin de rue, partout dans le monde. Elle est inhérente à notre mode de vie en ville. Nous avons quitté nos référents traditionnels et sommes entrés dans une société *anomique*, une société qui a renoncé aux repères qui structuraient le collectif. Chacun est donc livré à un face-à-face avec sa propre angoisse. Et chez les laissés-pour-compte, cette anxiété va jusqu'à prendre forme sur leur peau, dans leur psychisme. Les personnes les plus exclues que je rencontre dans la rue montrent cette fragilité que nous portons tous le plus souvent sans la montrer. Et qui nous renvoie précisément à la nôtre.

Quand je réfléchis à ce que notre époque a de spécifique, je repense à ce qu'avait dit Jean-Paul II lorsqu'il était venu en France : « N'ayez pas peur ! » En effet, je crois que ce qui marque le monde dans lequel nous vivons, c'est la peur, l'angoisse. Croyant y pallier, nous allons jusqu'à appliquer de manière absurde et caricaturale le principe de précaution dans tous les domaines. Mais loin de répondre à cette angoisse ou de la soulager, on ne fait que lancer de manière continuelle des signaux porteurs d'angoisse contradictoires : « Il ne faut pas faire ceci ou cela », « Il ne faut pas manger ceci ou cela », etc. ; tout au long de la journée, des signaux d'alarme s'allument, se concurrencent. Une sorte de chape pèse et fait qu'une peur diffuse s'est installée dans la société : une peur diffuse de l'autre et des dangers potentiels qu'il peut représenter. Nous vivons une curieuse époque… Dans ce contexte, évidemment, l'exclusion fait peur.

Dans les sociétés traditionnelles, il y a toujours eu des pauvres, et ce depuis le début du monde, et il y en aura jusqu'à la fin. La différence réside dans le fait que ces sociétés partageaient leur pauvreté parce que, comme il n'y avait pas grand-chose, il était beaucoup plus facile de faire des gestes d'échange ou de partage. Or, dans nos villes modernes, nous sommes tous étrangers les uns aux autres et ces gestes ont cessé d'être naturels. À cette individualisation s'ajoute l'utopie de vouloir faire disparaître la pauvreté, en pensant qu'elle n'est qu'économique. Alors que la pauvreté est aussi pauvreté de sentiments.

Nous en sommes arrivés à ce point où nous devons réapprendre comment nous comporter pour venir en aide aux personnes exclues.

La difficile rencontre de la grande fragilité

Cela ne va pas de soi de rencontrer les gens dans la rue. Et il importe de ne pas céder à la confusion des sentiments. Des gens parlent de « nos amis de la rue ». Mais ce ne sont pas nos amis, ce ne sont pas des gens à qui je confierais la garde des enfants, ce ne sont pas des gens avec qui je partirais en vacances, ce sont des gens qui sont dans la souffrance. Or, la souffrance d'autrui produit une réaction d'éloignement chez l'autre, je l'ai vérifié cent fois : lorsque des gens sont gravement malades, qu'ils ont par exemple un cancer en phase terminale, le cercle de ceux qui les fréquentaient s'amenuise. L'être humain a peur de ce qui vient lui rappeler sa propre finitude. Et même s'il est difficile de lutter contre ce mouvement spontané de recul, il faut s'y efforcer et transgresser cette loi naturelle. Mais il faut ensuite rester conscient qu'une fois engagé dans cette rencontre avec une personne en souffrance, une responsabilité est prise. Lorsque l'on prend en charge une personne en souffrance, on en a la responsabilité. Quand bien même cela prendrait des mois, une fois commencé ce travail, il faut le poursuivre. Sinon, c'est courir le risque de déceptions ou de ratages autrement plus graves.

Je suis urgentiste et médecin réanimateur, j'ai été formé par un maître que j'aimais beaucoup ; il était très dur, mais il m'a appris beaucoup de choses. Il disait : « Lorsque vous rencontrez un accidenté, vous commencez une réanimation : une réanimation commencée ne doit pas être arrêtée... » Comment faire ? Il faut attendre qu'une équipe hiérarchiquement plus outillée vienne à la rescousse, autrement il ne faut pas la commencer. Mais si l'on décide malgré tout de le faire, alors il faut avoir prévu toutes les évolutions possibles, et être prêt à y faire face quoi qu'il se passe, même si cela prend des heures. Sans cela, sans cet engagement à aller jusqu'au bout, ce n'est qu'une manière pour le réanimateur de se faire plaisir.

Cette leçon est vraie de tous les accompagnements, médicaux, sociaux, psychologiques, etc. Je crois que, face à des cas lourds, il ne faut pas être seul. Il faut pouvoir formaliser, expliciter, « poser son sac » ; l'accompagnant doit être lui-même accompagné. Lorsque l'accompagnement est véritable, c'est-à-dire lorsqu'il ne s'agit pas pour l'accompagnant de se faire plaisir, lorsqu'il est vraiment engagé dans son travail, c'est une tâche très difficile. C'est pour cela qu'il est de sa responsabilité de ne pas s'y engager seul. Il faut également savoir quelle énergie y mettre, quel temps y passer. En d'autres termes « on donne selon son talent », comme le dit l'Évangile, il ne faut pas aller au-delà de ce qu'on peut. Mais qu'est-ce que mon talent ? Quand on s'engage, il faut savoir ce que l'on met sur la table.

La fragilité, marque de l'humain

Lorsque l'on parle de la fragilité, et que l'on s'inscrit dans une démarche d'aide envers une personne fragile, il est primordial de ne pas se prendre pour plus fort que l'on est. Il faut savoir, en tant qu'accompagnant, être soi aussi accompagné, je le répète. Car la personne fragile n'est pas la seule à l'être. Dans les équipes du Samu social que je dirige, il y a un *turn-over* très important. Et cela est normal : à force de côtoyer des gens qui sont littéralement brisés par la vie, les intervenants ne peuvent pas ne pas être atteints par la souffrance dont ils sont témoins, quand bien même ce sont de vrais professionnels.

Cela amène à penser la fragilité comme ce qui, au fond, crée cette indéfectible solidarité de l'humanité. C'est ce que je disais, aux débuts du Samu social, à mes équipes, essayant de les galvaniser : « N'oubliez pas que cette nuit, dans les rues de Paris, vous allez rencontrer des gens de même rang et de même statut dans l'humanité que vous. » La fragilité, c'est ce qui marque le statut de l'humain dans un monde qui demeure, quoi qu'il arrive, indéchiffrable. Indéchiffrable et infini. Les questions que nous nous posons sur le temps finissent par nous renvoyer à l'éternité, au mystère des origines ; que l'on se demande d'où l'on vient, où l'on va, c'est le même mystère qui se dresse comme horizon de la réponse : l'éternité, ce temps incommensurable. Où que nos regards portent, nous nous situons dans un mystère irréductible. Nous essayons constamment d'oublier cela, mais c'est bien là notre place dans l'univers.

Un autre versant de la fragilité humaine, c'est la tendance de l'homme à se fondre dans un groupe et à y sacrifier ses convictions personnelles. C'est ce qu'a analysé l'écrivain hongrois Arthur Koestler : « L'enfant est obligé d'endurer une période d'impotence et de dépendance plus longue que les jeunes de n'importe quelle autre espèce. Il est permis de se demander si cette expérience initiale de complète dépendance n'est pas responsable, au moins partiellement, de la tendance de notre espèce à obéir, à se soumettre à l'autorité imposée par des individus ou des groupes, et de sa suggestibilité aux doctrines et aux symboles[1]. » Cette soumission fait par exemple qu'en temps de guerre, la violence faite au groupe est vécue, par identification, par procuration, comme un type d'agression secondaire. Car au fond, quand on regarde l'histoire de l'humanité, les gens, pris individuellement, sont plutôt des braves types qui veulent vivre en paix ; c'est à partir du moment où ils se fondent dans les intérêts du groupe qu'ils changent de caractère et se révèlent d'une sauvagerie et d'une barbarie extrêmes. Voilà notre fragilité ! Car cette identification au groupe suppose le sacrifice de ses capacités critiques, et même de son potentiel émotionnel. Un aumônier parcourant les tranchées pendant la guerre de 1914-1918 se disait : « Qu'est-ce qu'il a fallu comme courage, comme vertu, comme camaraderie, comme don de soi pour arriver à ce résultat de désastre ! »

Je crois que, malgré cette tendance que nous avons à nous fondre dans le groupe, il faut savoir préserver son sens critique, et sauvegarder sa liberté, qui est la chose la plus fragile qui soit. Fragile, mais là, malgré tout, c'est ce qui

1. Arthur Koestler, *Les Call-Girls*, trad. Georges Fradier, Livre de Poche, 1975, p. 174.

importe. Nous restons toujours libres de nous identifier ou non, de suivre les aspirations du groupe ou non. Pour le pire ou le meilleur, c'est à nous de décider. Si le groupe est mû par la haine, par le désir de guerre, alors de notre fragilité viendra notre ruine, mais si le groupe a une aspiration à la transcendance, au bien, alors se fondre et être entraîné par lui fera probablement changer cette fragilité initiale en vertu. C'est à nous qu'il revient de cultiver cette part ultime de discernement, et c'est à nous de savoir ce que nous faisons de notre liberté : décidons-nous de l'aliéner ou de la mettre au service de quelque chose de plus grand ?

Fragilité de l'identité

Lorsque je travaillais dans les rues de Paris, je remarquais que, finalement, il était très difficile de rencontrer les gens, même ceux qui sont les plus cassés. On pourrait penser que, justement parce que la vie les a confrontés à une grande précarité, il suffit de leur tendre la main pour qu'ils se livrent vraiment. Mais c'est en réalité beaucoup plus complexe.

Chacun dans la vie porte un masque, pour se défendre, pour se protéger de la honte. Pour ces personnes-là, en grande détresse, j'ai compris que leur masque, c'était celui de la victime, et que leur identité, voilée derrière ce masque, avait été complètement oubliée. Ce qui me frappait par exemple, c'est que tous ceux que je rencontrais me parlaient de ruptures considérables : « J'ai perdu ma femme et mes enfants, j'ai perdu mon boulot... », des histoires tragiques et de grandes cassures. Ce n'était qu'une façade. Bien sûr, parfois ces grandes ruptures avaient existé, mais elles venaient occulter une réalité bien plus tortueuse et lourde : leur vie avait été faite de petits échecs quotidiens accumulés, qui les avaient précipités, malgré eux, dans cette situation de détresse. Face à cette accumulation vraiment inassimilable, et parce que le monde s'était acharné sur eux, ils s'étaient réfugiés derrière un masque de victime, victime de telle ou telle rupture, selon leur histoire et ce qu'ils en avaient retenu. Mais leur identité, ce qu'ils étaient véritablement, avait disparu derrière ce masque, au point qu'eux-mêmes ne savaient désormais plus qui ils étaient, en dehors du « mec qui a perdu son boulot » ou « sa femme et ses enfants », etc.

Pour remonter dans une biographie de quelqu'un en perdition, il faut beaucoup de temps et de confiance, il faut conquérir ces instants pour faire des échanges qui vont aller au cœur du sujet. Il est vrai aussi que lorsqu'on les rencontre, qu'ils vont d'un centre à un autre, d'un travailleur social à un autre, ils sont obligés de se justifier, et on doit tout recommencer : « Qui êtes-vous ? Est-ce que vous avez droit à une assurance ? Prenez-vous des médicaments ? » On leur extirpe à chaque rencontre tous ces renseignements. On va quêter l'information qui va les renvoyer encore un peu plus dans leur aliénation. Je crois qu'il faut avoir beaucoup de délicatesse, de pudeur, pour rencontrer une personne si fragile, tellement exposée aux épreuves les plus dures qu'elle ne se livre plus. C'est une conquête qui prend du temps.. On va puiser, petit à petit, des éléments ténus qui sont portés par l'émotion, mais qui finalement, une fois recoupés, vous donneront accès à la vérité du cœur des gens.

Si la rencontre est si difficile souvent, c'est aussi parce que ces personnes ne possèdent pas de rituel. La vraie exclusion, c'est cela. Lorsque l'on s'aborde les uns les autres dans la rue, on a des rituels d'approche : la politesse par exemple. Lorsque l'on se tend la main, c'est le rituel de la rencontre. Mais dans la rue, dans l'exclusion physique ou psychique, on ne se sert pas de rituel, il n'y a plus de recours au symbolique : on va directement à la recherche d'informations et l'on se passe de cette petite mise en scène qui d'ordinaire sert à apaiser une rencontre inconnue. Or, il est très important d'y revenir, justement ; c'est ce que les gens appellent leur « dignité ». Il faut ritualiser la rencontre, la symboliser, mettre entre lui et moi des signaux évidents qui disent : « On est de même rang, de même statut, on a les mêmes usages. » Autrement, si on n'utilise pas ces codes mis au point depuis la nuit des temps, on est dans la pulsion, dans l'humiliation. Il faut les réintroduire constamment, quand bien même les gens nous paraissent complètement perdus socialement, psychologiquement et physiquement ; on doit faire l'effort de mettre sur le plateau des signes de reconnaissance sociale et d'identité. Ce n'est ni une coquetterie ni une posture. C'est important, je l'ai vérifié de nombreuses fois.

Savoir accueillir les signes et laisser place au symbolique

Au début de ma carrière, où je faisais des remplacements de médecins de campagne, je me rappelle un appel de nuit. Vous savez, il est très difficile de trouver son chemin dans la campagne, mais la souffrance, c'est la petite lumière isolée au bout d'un champ, c'est la ferme qui vous attend là où il y a un problème vital. Je me souviens d'être allé dans une ferme reculée où j'ai vu une dame qui était dans son lit, gémissante. Près d'elle son mari, paysan, casquette sur la tête, rugueux, un peu « brut de décoffrage », comme on dit. On a seulement échangé quelques mots, c'était très sauvage comme rencontre... On a peu parlé, je lui ai fait mes prescriptions et il est venu avec moi jusqu'à la porte. Je l'ai regardé, c'était un homme très archaïque, farouche, mais au moment où je partais, il a cueilli une fleur sur sa haie et me l'a donnée. Ce signe évidemment m'a bouleversé parce qu'il avait trouvé un geste d'une incroyable délicatesse pour me donner une fleur. Il ne savait pas exprimer, ne savait pas ritualiser. C'était un instant béni parce que ni lui ni moi ne nous comprenions, mais qu'il y avait cette générosité. Oui, c'était une rencontre fragile. Comme dit Levinas (je cite à peu près) : « Dans certaines rencontres, c'est à la fois Dieu qui se manifeste en même temps qu'il se retire pour laisser la place à cette rencontre. »

Cette anecdote montre combien, même quand une rencontre a du mal à s'opérer, quand des paroles ont du mal à être dites, l'humain a d'autres chemins qui s'offrent à lui. Celui de la délicatesse, par exemple. Je crois qu'il ne faut pas oublier la délicatesse que l'on doit avoir les uns envers les autres ; c'est à partir de là que les choses peuvent se construire.

Je suis souvent frappé quand je vois aujourd'hui des enfants hyperactifs, hyperviolents, je crois que ce sont des enfants à qui il manque les histoires pour façonner leur personnalité : des histoires de fées, de loups ! Celles qui mettent en scène justement la violence, qui la font rentrer dans le cadre symbolique pour la rendre assimilable. Sans toutes ces petites histoires, qui justement disent la grande histoire du symbolique, aucune relation au collectif n'est possible. Et ces enfants risquent de rater leur relation avec les autres. Il faut introduire du symbole tout le temps entre les êtres, c'est ce qui permet d'explorer nos propres ressources. Justement dans ces contes populaires, les fleurs, comme celle que m'a offerte ce paysan bourru, sont un symbole très puissant ! Et c'est parce qu'il y a tous ces symboles que le geste de ce paysan a pu avoir du sens, qu'il a pu nous mettre en relation tous deux, même si nous appartenions à deux mondes radicalement différents. Or le danger actuel, c'est que notre société perd ses clés de la ritualisation et du symbolique qui sont des représentations, comme disait Jung, des archétypes de l'inconscient collectif, ce trésor que l'humanité a accumulé au cours des âges.

Il existe des phases dans l'exclusion

On ne devient pas exclu du jour au lendemain. L'exclusion se fait suivant différentes phases. Au départ, il y a toujours une souffrance dans l'identité. Pour la plupart des gens interrogés après une vraie enquête qui a duré des semaines, parfois des mois, on finit par avoir quelques éléments de biographie. Vous vous apercevez alors, très souvent, qu'enfants, ces personnes ont été placées en institution, qu'elles ont été maltraitées, violées, qu'elles ne sont pas arrivées à avoir une image corporelle adéquate, ou qu'elles souffrent d'une absence d'identité du corps. On retrouve le plus souvent ce mécanisme psychique de rejet et de non-reconnaissance de soi.

Ensuite, il faut distinguer quatre phases. La première, c'est l'agression. Les gens qui sont exclus commencent à en vouloir à la société qui les rejette : ils en veulent à l'école, ils en veulent à l'apprentissage, ils en veulent au psychologue, au médecin. Derrière cette agressivité, il y a en fait la plainte : « Pourquoi me rejette-t-on ? Pourquoi est-ce que je ne vaux pas le coup ? » Rejet et violence sont liés.

Petit à petit, la deuxième phase survient : la phase de dépréciation ou de dépression : « Et si ce n'était pas la société qui était mauvaise, et si c'était moi ? » Il y a alors une remise en question fondamentale de la personne : « Je ne vaux rien, je ne suis rien. » Ce mécanisme d'autodépréciation va jusqu'à la dépression. À ce moment-là commence la rencontre avec la drogue, l'alcool.

Vient la troisième phase, celle de la déstabilisation. C'est un retournement de la personnalité : « J'ai choisi, je suis libre, je vais où je veux, je couche où je veux ; vous, vous êtes coincés par métro-boulot-dodo, moi je suis là parce que je le veux. » C'est un contresens. C'est le « clochard philosophe », paraît-il, qui aurait choisi sa vie. Mais non, il n'a pas choisi sa vie, il a simplement retourné son propre échec pour en faire une posture. Quand les personnes en sont à ce stade, c'est beaucoup plus difficile de les faire évoluer.

Puis il y a un quatrième stade, l'abandon. Le fond du problème se formule comme cela : « La société me rejette, je rejette la société. Mais je suis dans la souffrance, aide-moi ! » Et puis, cette demande d'aide est en fait un paradoxe : « Je m'exprime, mais je ne veux pas de ton aide. C'est un effort pour sauver la face. »

Le besoin d'amour

En tant que médecin, j'ai souvent pu être un témoin privilégié de ce qu'était la fragilité humaine. Quand j'étais appelé au chevet des malades, c'était souvent un grand moment de vérité. Lorsqu'une personne souffre, il y a une faille qui s'ouvre, et la personne se livre. Le privilège du médecin, c'est de pouvoir prendre des raccourcis pour gagner le cœur des gens, qui d'habitude se protègent. La souffrance expose et l'être qui souffre demande à être aidé, il n'a plus ce vernis de la surface sociale, il n'est plus qu'un être fragile qui s'abandonne à celui qui peut l'aider. Puis, au fil de mes observations, j'en suis venu à me rendre compte que certains grands malades allaient jusqu'à se servir de leur maladie pour séduire, pour inciter le médecin à s'intéresser à eux : leur grande douleur devient, dans certains cas, une arme de séduction.

S'il y a bien une chose que j'ai retenue, c'est que tout le monde, depuis le plus jeune âge jusqu'à la fin de ses jours, dit : « Je veux être aimé ! » Lorsque l'on est un peu à l'écoute, on entend ce cri : « Aime-moi, protège-moi ! » On demande cela au médecin. J'ai compris que c'est ce cri déchirant qui traverse toute l'humanité : un cri qui peut se manifester par d'immenses lésions. Le malheureux peut retourner sa douleur pour appeler, en l'entretenant pour que l'on reste à son chevet. C'est pervers, mais parfois c'est le seul moyen qu'il trouve pour exercer sa séduction et faire entendre sa demande.

C'est un autre versant de notre fragilité : nous nous servons de nos déboires pour appeler l'autre, pour s'attirer son intérêt, son attention. On ne cherche pas à guérir, on cherche surtout à être soigné. Et le soignant n'est pas forcément là pour guérir, mais pour soigner, pour donner toute son attention au patient. C'est pour cela qu'il est tellement important, dans une démarche d'accompagnement, de trouver la juste distance.

L'apprentissage de la juste distance

J'ai trouvé des réponses à la juste distance à force d'erreurs et d'essais. Tout jeune étudiant en médecine, je faisais des gardes. J'étais un étudiant plein de bonne volonté. Les patients appelaient, tiraient sur la sonnette, une fois, deux fois, trois fois, toute la nuit. Je me souviens d'un qui disait : « J'ai soif, il faut absolument que vous me mélangiez l'eau d'Évian et l'eau de Vittel. » C'était une manière de me retenir auprès de lui.

– Passez-moi mon éventail, me disait un autre.

– Mais il y a le ventilateur.

– Non, donnez-le-moi…

Bien sûr, je comprenais ce qui se passait. Mais quand j'avais passé ma journée au bloc opératoire, pendant ma nuit de garde, je ne voulais qu'une chose : aller me coucher

Il est difficile de prendre de la distance par rapport à la souffrance de l'autre. Même si vous êtes épuisé, au bout d'une nuit de garde, s'il arrive aux urgences un grand polytraumatisé et qu'il faut recommencer tous les gestes médicaux. Même si vous êtes tenté de dire : « De toute façon il va mourir », vous recommencez quand même tous ces gestes à faire. Et vous comprenez que la souffrance vous aspire parce que c'est une fascination, un trou noir. La souffrance de l'autre vous prend tout et ne restitue rien. Il n'y a pas d'échange, il faut agir de toute façon, mais il faut avoir une méthode.

Celle-ci repose principalement sur le travail en équipe. Dans l'accompagnement de la souffrance, il faut risquer quelque chose de soi, bien sûr, mais sans se perdre totalement, car on devient inutile, ou dangereux, pour soi-même ou pour le patient. Dans une équipe, il y a un responsable, qui prend la décision, après en avoir parlé à plusieurs. C'est ce travail de concertation qui est important et qui permet de continuer à avancer. Il n'y a donc pas de recette, sauf à ne pas être seul et pouvoir en parler.

Jusqu'où se connaître pour pouvoir rencontrer l'autre ?

Se connaître soi-même est un long chemin. Il ne s'agit pas d'en faire un prérequis à toute rencontre ou démarche de soin, ce serait complètement irréaliste. En revanche, ce que je crois, pour avoir passé vingt-trois ans de ma vie à Médecins sans frontières et travaillé au Samu social, c'est qu'il faut faire toute sa place à l'initiation. C'est une démarche que notre culture ne prend plus en compte, ne comprend plus. Mais elle est fondamentale. Tous les jeunes êtres, pour devenir adultes, ont besoin d'être initiés, mis à l'épreuve. Car c'est à travers les obstacles que l'on apprend comment on réagit, quelle erreur on fait naturellement, et finalement qui l'on est. À Médecins sans frontières par exemple, il y avait l'éloignement, l'exil, l'équipe, le danger, il fallait se mettre en face de soi et de ses capacités, supporter le choc... Franchir tout cela, vivre coupé de sa famille, être dans un territoire inconnu, parfois hostile, c'est passer une période initiatique, qui pourra porter ses fruits pour le reste de la vie. Le « Connais-toi toi-même », cela veut dire :

« Qu'est-ce que je fais devant un obstacle ? Je le contourne ? Je le saute ? Ou je le refuse ? » Et c'est ensuite parvenir à se dire : « J'ai souvent renâclé devant l'effort, eu peur de l'obstacle. Maintenant c'est beaucoup plus facile parce que je n'ai rien à perdre ni rien à craindre. » Et quand on a sauté quelques haies, on se connaît mieux, et l'on est mieux armé pour franchir les prochaines.

Lorsque dans le métro on voit quelqu'un d'extrêmement détruit, le visage ravagé, assis sur un banc, personne n'a envie de venir à côté de lui. Pourquoi ? Parce qu'il sent mauvais ? Par peur d'attraper des puces ? De recevoir un coup ? Non, je ne crois pas : on a peur d'être vu par les autres en compagnie de ce corps qui est en train de se détruire. On a peur d'être mis dans le même rang que cette destruction, on a peur d'être amalgamé, contaminé, donc on s'éloigne.

Mais les gens de qui l'on s'éloigne savent très bien qu'on cherche à les éviter. Leur représentation physique est atteinte et disparaît, au bout du compte, dans la grande exclusion physique ou psychique. La personne qu'on ne salue plus, qu'on touche plus, à qui on n'adresse plus la parole en vient à oublier son propre corps. Parce que dès lors que l'on cesse d'être regardé, on cesse aussi soi-même de se regarder. C'est comme cela que des personnes se ratatinent en vieillissant, perdent le contact avec la réalité ; c'est comme cela que des personnes exclues se recroquevillent sur un semblant de vie.

Pour ceux qui ont des problèmes, c'est la même chose : ils sont vaguement inquiétants parce qu'ils n'ont pas les mêmes codes, ils ne déchiffrent pas le monde, ils n'arrivent pas à trouver les clés. Du coup ce sont des « autres ». Alors on se garde bien d'approcher trop près. On se garde bien de les toucher, de leur parler, ils sont devenus étrangers. Mon semblable – mais non mon pareil – peut être un autre : il peut être magique, exotique, avec plein d'aventures. Les gens différents par leur souffrance, leur psychisme, sont des personnes totalement étrangères à moi. Cela me remet en question, c'est leur fragilité et donc la mienne.

Pour aller à la rencontre de ces personnes, il faut construire un lien qui ne va pas de soi. C'est une démarche difficile et qui exige beaucoup de volonté. Il faut pouvoir aller au-delà de soi-même pour rencontrer l'autre, et aller au-delà de sa propre fragilité à laquelle cet autre nous renvoie. D'une manière générale, l'autre est une personne, mais aussi une énigme irréductible que l'on ne pourra jamais définir, une énigme plus ou moins profonde selon les êtres.

Faire le lien, jeter des ponts vers l'autre, c'est s'examiner soi-même : « Est-ce que je peux, est-ce que j'aurai la force ? » C'est vrai que cela peut être épuisant. Quand quelqu'un est en demande, il pompe votre énergie, votre vigueur, tant la souffrance physique et psychique est un trou noir.

Comment dois-je faire pour me défendre de la souffrance physique et psychique ? Comment puis-je être utile, lui rendre service sans me perdre moi-même ? C'est lorsque je sais qui je suis et ce que je vaux que je peux tenter cette rencontre avec l'autre. Je suis fragile et livré. Le lien se construit alors avec une totale liberté. C'est pourquoi je crois en un maître mot, même s'il a été tellement galvaudé : la *compassion*.

La compassion, c'est comprendre la souffrance et s'interroger sur elle, c'est être atteint soi-même, c'est savoir se défendre du naufrage, de ce que peuvent être la douleur, la souffrance morale, mais savoir faire le lien. C'est une relation de l'altérité, c'est le souci de l'autre. C'est parce que l'autre est souffrant et en danger que je l'accompagne, parce que je sais voir en moi-même ma propre fragilité. Si on n'a pas cette compassion, on ne peut pas faire de lien.

Au Samu social, je disais toujours à mes équipes que la juste distance de la relation sociale, c'était de se tenir à cinquante centimètres l'un de l'autre : « Si vous êtes à quarante-neuf centimètres, vous êtes trop près, vous allez être dans la fusion et vous allez tomber ; si vous êtes à cinquante et un centimètres, vous êtes trop loin, vous allez "techniquer", vous allez banaliser. » La juste distance, c'est accompagner sans sombrer, mais sans être non plus un technicien qui cesse de réfléchir et de se poser des questions.

Conquérir sa liberté

Les personnes fragiles sont aussi appelées à gagner leur liberté. Il ne faut dons pas chercher la facilité. La personne malade d'une maladie psychique est une personne. Et il faut se souvenir qu'elle a aussi cette manière de dire « moi je ». Tout l'art, tout le respect consiste à dire : « J'ai compris ta souffrance, je t'accompagne, mais je ne vais pas la renforcer, je vais t'aider – compassion. Je vais marcher avec toi au nom de ma propre liberté et tu as beau être atteint, malheureux, malade, je te considère comme un autre semblable à moi. »

C'est très difficile de ne pas capter, de ne pas protéger jusqu'à faire disparaître, jusqu'à faire étouffer le sentiment de la personne chez l'autre. C'est très difficile parce qu'on a tendance, comme pour les petits enfants, à vivre par procuration, à vivre à la place de l'autre. Or, il faut laisser à l'autre un espace de respiration, de création. C'est cela le vrai amour – pas l'amour destructeur –, l'amour respectueux.

Car finalement on est dans la création… Tout est création et je crois que, d'une certaine façon, la maladie est créative ; elle est mortifère, mais c'est une création quand même. Les symptômes offrent une grande richesse d'expression. Comme disait Lacan : « Tout symptôme est une parole rentrée. » Et face à la fragilité, personnellement je ne peux pas m'empêcher non seulement de comprendre cette souffrance, d'avoir de l'*empathie*, mais aussi de ressentir une émotion d'être dans la *compassion*.

Je crois profondément que l'on est unis les uns aux autres par des microsignes parce que l'on est fragile à soi-même, parce que tout veut dire quelque chose. C'est vraiment mon credo : tout fait sens. Pour reprendre le mot de Bernanos : « Tout est grâce ! » Et, dans le fond, dès lors que l'on est attentif à ces microsignes, le monde parle. Est-on apte à le voir et à l'entendre ? Ça c'est une autre question.

Enfin, je suis persuadé que l'incarnation de l'homme est le dessein ultime de la Création. C'est notre liberté qu'il nous faut jalousement veiller à conquérir ; il nous est donné de créer autour de nous le monde que nous souhaitons, dans les relations avec les autres. Il ne faut pas oublier que c'est notre tâche primordiale : « Je suis là, ma mission, c'est le souci de l'autre. »

Une fragilité différente selon les professions de santé

Jean-Marie Gueullette

La souffrance des médecins est un phénomène considérable aujourd'hui : 52 % d'entre eux souffrent du premier stade du *burn-out*, l'épuisement émotionnel, même si seulement 2 % présentent un *burn-out* caractérisé, les deux autres stades étant la déshumanisation de la relation à l'autre et le sentiment d'échec professionnel[1]. Autre chiffre inquiétant, si le suicide représente près de 5 % des décès dans la population générale, il représente 14 % des décès de médecins. Or cette situation de souffrance grave de la profession est en contraste important avec ce qui est dit d'elle, et ce qui est attendu d'elle. Les médecins dépriment, mais tout le monde

1. Selon M. Delbrouck, « Burn-out et médecine, le syndrome d'épuisement professionnel », *Cahiers de psychologie clinique*, 2007/1 (n° 28), p. 121-132.

attend d'eux des prouesses, voire l'impossible. Nous sommes tellement emportés par le dynamisme de la médecine depuis soixante ans que nous pouvons en venir à oublier que son efficacité est chose récente.

Attendre du médecin la guérison totale, la disparition des symptômes, si possible sans séquelles, est une attitude qui aurait semblé tout à fait délirante quelques générations plus tôt. La différence entre l'attitude médicale et la posture qui est celle des métiers du soin n'était pas très grande, les uns et les autres avaient pour mission principale de tenter de soulager le patient, de lui apporter un certain confort durant sa maladie (nous avons oublié que c'était la première fonction des hôpitaux, loger, chauffer et nourrir les malades, en attendant qu'ils meurent, ou qu'ils guérissent par eux-mêmes). Exercer la médecine, c'était tenter de différer la mort, sans illusion dans la plupart des cas. Le développement des connaissances anatomiques et physiopathologiques a précédé de beaucoup le développement d'une efficacité thérapeutique.

Aujourd'hui, la médecine est efficace, elle sait guérir un certain nombre de pathologies couramment mortelles jusqu'à maintenant ; elle sait rendre chroniques et presque inoffensives des pathologies qui étaient mortelles par des processus aigus. Beaucoup de médecins, et en particulier dans la recherche, sont animés par ce dynamisme, fait d'espoir et de devoir, qui les pousse à chercher inlassablement comment vaincre la maladie. Le médecin d'autrefois ne se battait avec elle que pour la repousser, que pour en limiter les dégâts ; celui d'aujourd'hui rêve de la faire disparaître.

Efficacité et impuissance

À la lumière de ce tableau de la situation, les analyses sur les causes de la souffrance des médecins peuvent prendre un sens renouvelé. On peut apprendre, par exemple, que selon l'Association médicale canadienne, parmi les six principales causes de mal-être du médecin, on trouve la « confrontation à son impuissance et à la mort[1] ». Cela peut donner à réfléchir, car

1. « Les six principales causes de mal-être du médecin sont son volume de travail, son manque de sommeil, ses sollicitations pour l'enseignement et la recherche, son risque de poursuite en justice, l'augmentation des attentes

tout être humain est confronté à son impuissance et à la mort, qu'il le veuille ou non. Ce sont des aspects de la finitude humaine qui marquent l'existence de chacun. Comment se fait-il qu'ils puissent être identifiés comme cause spécifique de mal-être chez les médecins ? Ou bien, pour poser la question autrement, est-ce qu'un médecin du début du XXe siècle vivait son impuissance et la rencontre quotidienne de la mort comme une atteinte personnelle ? Il pouvait en être ému, selon les relations qu'il vivait avec ses malades, mais il est fort probable qu'il ne les ressentait pas comme un échec personnel. La mort est bien devenue un échec pour le médecin, car celui-ci est marqué, et ses patients aussi, par la conviction qu'il peut « faire quelque chose » selon une expression si souvent entendue au chevet des grands malades ou des mourants.

Un chercheur qui s'est intéressé à la fréquence du *burn-out* chez les médecins constate que le médecin « vit comme un élément d'impuis-

---

du public et la confrontation à son impuissance et à la mort », The Canadian Medical Association's Policy on Physician Health and Well-Being, cité par M. Delbrouck, *ibid.*

sance, ce qui n'est en fait qu'une impossibilité[1] ». Le développement considérable de l'efficacité thérapeutique depuis cinquante ans est imputable pour une part à une attitude proche de celle-ci : sans cesse les limites de l'impossible reculent car la médecine a refusé de les reconnaître comme infranchissables. Mais dans une telle démarche, quelle place est reconnue à ce qui est structurellement, ontologiquement impossible ? Quelle place est reconnue au fait que l'être humain est mortel, par exemple ?...

Il faut nous arrêter sur ce constat qui est au carrefour de trois registres, celui de la responsabilité, de l'éthique médicale, celui de la vie psychique des médecins, et celui que l'on peut désigner comme la vie spirituelle ; en théologie chrétienne, on dirait la reconnaissance de la condition de créature : vivre comme une impuissance ce qui est impossible. Les psychologues nous ont déjà appris, en particulier à propos de l'adolescence, que l'esprit humain est capable de regarder comme interdit ce qui est impossible et par là de se maintenir dans le déni

1. J.-P. Lebrun, *De la maladie médicale*, Bruxelles, De Boeck, 1993.

de la finitude : la faute de nos premiers parents au Jardin n'était-elle pas de cette ordre-là, lorsqu'ils étaient tentés de regarder l'accès à la condition divine comme interdite par un Dieu jaloux ? Si l'on regarde l'impossible comme interdit, on se bagarre, on transgresse, on se met en colère contre l'instance qui apparaît comme source de cet interdit. Si on le regarde non comme interdit, mais comme révélation de sa propre impuissance, les dégâts sont plus importants, car le reproche se retourne contre soi : si ce malade meurt, c'est bien le signe que je n'ai pas été à la hauteur ; on va peut-être me le reprocher, mais cela n'est même pas nécessaire car je m'en occupe moi-même.

Se reconnaître fragile : un aveu d'incompétence ?

Cette situation nous invite à faire résonner la notion de fragilité avec celle d'impuissance : la condition humaine passe par la reconnaissance des limites, y compris dans le domaine de l'action. On connaît la blague de carabin sur la différence entre Dieu et un chirurgien : Dieu, lui, ne se prend pas pour un chirurgien…

Les professionnels du soin sont moins vulnérables, il me semble, à ce type de souffrance, car prendre soin de l'autre n'est pas une activité sanctionnée par un résultat aussi tangible que la guérison ou la mort. On peut se demander si on a bien pris soin, si on a suffisamment pris soin, etc., mais la mort n'est pas le signe d'un échec du soin de la même manière qu'elle peut être vécue comme un échec de la démarche médicale. C'est ce que note Christine Bergé, anthropologue, dans son beau livre sur la réanimation : « Un assistant m'avait dit : "Ce qu'on veut surtout, c'est gagner, gagner n'importe quoi : du temps, un sursis, une nuit de plus. Il faut absolument éviter de perdre ! Perdre un patient, c'est ce qu'il y a de pire !" Encore le langage de la guerre. Quel rapport pouvons-nous établir alors entre l'image d'un héros-réanimateur, Zorro des âmes-corps, avec sa cape blanche et le grand R sur la poitrine, et tout le cortège du stress, des peurs, vertiges, incertitudes[1] ? »

Il n'y a pas, et heureusement, de réponse simple à ce problème, car il serait illusoire et

1. C. Bergé, J. Salmon, *La Vie entre chien et loup*, Paris, Robert Jauze, 2007, p. 63.

stupide de penser qu'un retour en arrière serait une bonne chose. Nous bénéficions tous des avancées thérapeutiques de la médecine, et nous préférons consulter un médecin efficace. Tout le problème est celui du juste engagement du médecin, et de la juste attente du patient et de sa famille, dans cette recherche d'efficacité. Il est bon de chercher à être aussi efficace que possible tout en sachant que cette efficacité reste une efficacité humaine et donc limitée, qu'elle s'exerce en faveur d'êtres humains, donc mortels.

À ce premier aspect d'un travail médical désormais marqué par l'obligation d'efficacité, il faut ajouter une autre dimension qui est celle de la concurrence entre praticiens. Dès la première année, la perspective d'un concours très difficile place le futur médecin dans une situation de compétition, qu'il retrouve quelques années plus tard lorsqu'il se trouve engagé dans le concours de l'internat. Pour peu qu'il envisage une carrière hospitalière, il sera sans cesse amené à vivre cette compétition, pour obtenir un poste, pour défendre sa place en écrasant le voisin sous le volume de ses publications ou de ses actes. Reconnaître sa fragilité dans un tel contexte est pratiquement impossible, car celui qui se manifeste comme faillible est irrémédiablement écrasé dans la compétition. Se reconnaître fragile, c'est se mettre hors jeu et, pour certains jeunes médecins, ce serait même afficher une forme d'incompétence. Le médecin de bon niveau résiste dans les situations difficiles, afin de conserver intacte sa capacité de décision selon des critères scientifiques et objectifs ; il résiste, il tient le coup, et fréquente peu, de ce fait, les éventuels groupes de parole ou de supervision, les lieux de formation humaine proposés aux professions de santé. Exprimer son émotion et sa fragilité, c'est se laisser entraîner sur un terrain que tout le système, depuis la formation initiale jusqu'à l'accès aux postes de responsabilité élevée, interdit de fréquenter.

Nous entendions récemment au centre d'éthique de l'université catholique de Lyon une jeune femme, chef de clinique, nous décrire la pression qu'elle ressent dans sa vie professionnelle et qui la pousse vers des rythmes et des manières de travailler qui ne lui conviennent pas. « Je sais que si je demande au patient comment va son moral, je rajoute au moins un quart d'heure à la consultation et que tout l'après-midi je vais être en retard. Donc je ne le fais pas. » Ne pouvant le faire pour le malade, comment oserait-elle se poser la question à elle-même ?

Pourquoi est-on médecin ?

C'est souvent après quelques années de pratique, et non au cours des études, que les médecins sont amenés à se poser la question de ce qui a motivé leur choix professionnel. Pour beaucoup d'entre eux, leur désir de pratiquer la médecine trouve sa source dans une expérience personnelle ou familiale de souffrance qui a suscité la volonté de « faire quelque chose ». En cela ils sont souvent très proches des autres professionnels de la santé, même si les modalités de la réponse sont différentes. Beaucoup passent leur vie à tenter de répondre à un appel qu'ils ont ainsi ressenti dans l'enfance : « Tenter de résoudre, de réparer ce qui l'a fait souffrir dans sa propre chair, son propre esprit ou celle ou celui d'êtres qu'il a côtoyés et aimés peut l'occuper une vie entière. Pourquoi pas, pour autant que le soignant ne tombe dans une telle compulsion de répétition à vouloir sauver le monde et à s'y perdre dans un effroyable épuisement professionnel[1]. »

1. M. Delbrouck, « Burn-out et médecine, le syndrome d'épuisement professionnel », art. cit., p. 128.

Ici encore nous percevons combien l'équilibre est subtil à trouver. Avoir vécu la souffrance comme un défi lancé n'est pas une origine délétère du choix de la profession médicale, car une telle expérience enracine la pratique professionnelle dans une expérience personnelle : les patients ne seront pas perçus seulement comme des dossiers scientifiquement intéressants, ils ne seront pas envisagés comme totalement étrangers au thérapeute. Mais si l'expérience en question suscite le besoin de réparer, le rêve de faire disparaître la souffrance des autres afin de faire taire les traces de sa propre souffrance, épuisement et échec seront nécessairement au rendez-vous, car la surenchère marquera l'activité professionnelle. Quand on cherche à consoler sa mère souffrante à travers toutes les malades que l'on rencontre, on n'en fait jamais assez. On retrouve ici la bonne vieille question de la juste distance, ou de la « juste présence », pour reprendre l'expression plus subtile proposée par Emmanuel Hirsch, dans l'activité thérapeutique : trop peu de distance entraîne une forme de fusion qui étouffe la vie, trop de distance ne permet pas la prise en compte de l'expérience que vit l'être humain souffrant. « Qu'on le veuille ou non, on est toujours médecin. Mais on n'est pas tenu de le faire payer aux autres, et on n'est pas, non plus, obligé d'en crever[1]. »

Suis-je un malade potentiel ?

La plupart des professions de santé, sauf les médecins, comportent dans leur formation une part plus ou moins importante d'entraînement des étudiants les uns sur les autres. Étudiants en soins infirmiers, étudiants kinésithérapeutes ou ostéopathes passent de longs moments à pratiquer sur leurs camarades les gestes qu'ils auront à faire pour leurs patients ; ils sont alors alternativement patients et soignants. Dans un autre champ, psychothérapeutes et psychanalystes ne peuvent exercer leur activité sans avoir eux-mêmes vécu cette expérience comme patients suivis par un autre thérapeute. Tout cela n'arrive jamais dans les études de médecine : comment se fait-il que l'on n'apprenne presque jamais les uns sur les autres les gestes de l'examen clinique ? Pourquoi cela semble-t-il absolument normal qu'un patient hospitalisé se fasse

1. M. Winckler, *La Maladie de Sachs*, P.O.L., 1998.

palper la fosse iliaque ou écouter les carotides dix fois durant son séjour à l'hôpital et que les mêmes gestes sembleraient déplacés s'ils étaient proposés aux étudiants comme devant être pratiqués les uns sur les autres ? Pourquoi ce sont les patients qui doivent supporter les maladresses de nos premiers électrocardiogrammes ou de nos premières intraveineuses et non pas nous-mêmes ? Il me semble que cette différence de formation peut participer à la réflexion sur la place accordée à la fragilité dans les métiers de la santé. Un médecin a reçu une formation dans laquelle il est très peu amené à percevoir qu'il est lui aussi un malade en puissance. Il a fait toute sa formation debout face à des patients allongés. Un kinésithérapeute ou un ostéopathe a passé dans sa formation autant de temps dans la posture du patient que dans celle du praticien, un psychanalyste est nécessairement passé sur le divan. Cela ne peut pas être sans conséquence sur la manière de se situer par rapport aux patients par la suite. Combien de médecins, devenus malades et hospitalisés, et moi le premier, ont alors pris soudain conscience de ce que représente le défilé des blouses blanches dans leur chambre, de ce que représentent certains gestes comme douleur, comme inconfort ?

Ici encore pas de solution miracle, car une certaine distance est indispensable à la posture thérapeutique, en particulier dans les spécialités tournées vers des maladies graves ou mettant en œuvre des gestes très invasifs. Si le chirurgien cardiaque est trop sensible au fait qu'il pourrait être à la place du patient, il ne risque pas de faire le moindre geste. Mais si son expérience personnelle, ou sa formation, a alerté le thérapeute sur le fait qu'il est fait de la même humanité que son patient, et qu'il peut et doit aussi considérer que les rôles, s'ils sont distincts, pourraient changer, il évitera peut-être non seulement des gaffes, des erreurs dans la relation à son patient, mais également dans son rapport à lui-même. Pourquoi est-il si difficile de prendre en charge un confrère ? Est-ce seulement parce qu'on se sait observé dans sa pratique professionnelle ? Est-ce seulement parce qu'on sait être en face d'un patient qui ne sera pas très discipliné, qui n'en fera qu'à sa tête ? N'est-ce pas aussi parce que dans cette situation tout particulièrement, les rôles bien définis du patient et du médecin dans la relation thérapeutique apparaissent comme interchangeables, et que le médecin peut encore moins que d'habitude rêver que la maladie de l'autre ne le concerne pas ? Trop semblables, les deux partenaires de la relation sont prisonniers d'un jeu de miroirs. Et dans ce jeu, ce qui se laisse voir de la fragilité du médecin peut être aussi insupportable au médecin qui soigne qu'à celui qui est malade.

III

Fragilité des hommes et chemin spirituel

La fragilité peut devenir une force

Un point de vue bouddhiste

Lama Puntso

Aborder le bouddhisme en Occident n'est pas évident car il s'agit d'une anthropologie complètement différente de la nôtre, une autre vision de l'homme et du monde. Les différences sont assez radicales. La richesse de notre rencontre est de relever, au cœur de ces différences, les notions universelles propres à tous les humains.

Par ailleurs, en France, il y a une méconnaissance du bouddhisme malgré les nombreux ouvrages édités et les multiples rencontres interreligieuses. Il me semble que nous avons une image un peu tronquée du bouddhisme, ce qui est d'ailleurs le cas pour toutes les religions ; comprendre une religion demande le temps de l'approfondissement. Par exemple, le bouddhisme est souvent réduit à un art de vivre ou à une philosophie.

Je vais aborder trois aspects de l'enseignement du Bouddha qui permettent de nourrir une réflexion sur la fragilité : le déni de l'impermanence, l'instabilité de l'esprit et la méditation, et enfin les qualités qui permettent d'aller à la rencontre des fragilités de l'autre.

L'impermanence

Partons de ce postulat : par nature, l'homme est fragile. La fragilité s'enracine dans l'impermanence en ce sens que c'est le déni de cette impermanence qui rend l'humain fragile. Qu'entend-on par « impermanence » ? Il s'agit d'abord de notre finitude : au bout du chemin de vie, il y a la mort et personne n'en connaît le moment. Les choses sans cesse se transforment, et nous devons faire face à ces changements. Très concrètement, l'existence n'est pas comme une continuité stable qui changerait de temps en temps. Le changement, ou l'impermanence, est la caractéristique même de l'existence, celle-ci se transforme sans cesse. Le moment où le cordon ombilical est coupé annonce une série de transformations auxquelles nous sommes amenés à faire face. Fragilité de l'enfance, ou de la vieillesse, de l'adolescence, puis celle du jeune adulte, et puis celle de d'adulte... Tout au long de notre vie, personnelle, professionnelle, relationnelle, amicale ou amoureuse, nous sommes soumis à des changements. Le Bouddha nous explique comment nous sommes amenés à résister à ces changements. Et c'est cette résistance au changement, cette difficulté à s'adapter à la transformation qui nous met en fragilité.

Considérons quelques exemples autour de nous, et commençons par un point de vue macroscopique : toute société, dans son développement, rencontre des difficultés. C'est une évidence que les ruptures sont incontournables, nous le voyons en revisitant notre histoire, et nous faisons comme si ces ruptures n'arrivaient pas. À un niveau plus individuel, nous savons que tôt ou tard nous allons vieillir, perdre nos forces, sentir notre corps diminuer, etc., et nous faisons comme si cela n'allait pas advenir. La maladie fait partie de la vie, à un moment ou à un autre de notre existence nous tombons malades, mais lorsque la maladie arrive, elle est vécue comme une agression.

Un des aspects de l'enseignement du Bouddha (mais à mon sens un aspect essentiel dans l'approche de la fragilité) est la contemplation de l'impermanence afin de la rencontrer vraiment, de l'intégrer en profondeur. Il ne s'agit pas d'une réflexion occasionnelle, mais d'une continuelle familiarisation avec le changement qui nous permet un accueil différent des transformations que nous rencontrons habituellement. Cette contemplation est essentielle car, à bien y regarder, nous changeons sans cesse, les autres changent continuellement, et le monde qui nous entoure change également ; tout cela ne change pas occasionnellement, mais de façon continue. Intégrer la réalité du changement dans ses divers aspects fait partie des contemplations et des méditations auxquelles nous invite le Bouddha afin de nous libérer du déni de l'impermanence, une des sources de nos fragilités.

Vers la stabilité

Un autre aspect lié à la fragilité est l'instabilité. L'instabilité dont il est question ici est l'instabilité de l'esprit. Le terme « esprit » est complexe et demanderait bien des clarifications. Ici, je traduirai simplement « esprit » par

« être ». L'instabilité des êtres humains que nous sommes.

Le Bouddha nous explique que nous sommes sans cesse traversés par ce qu'il a appelé les « émotions perturbatrices ». Ce sont des processus mentaux qui sont du domaine de l'attachement et de la fascination, ou encore du domaine de l'aversion et de la colère ; et enfin tout ce qui est du domaine de l'ignorance, sachant que pour nous, occidentaux, il est plus difficile d'identifier l'ignorance à une émotion. Nous pouvons définir l'ignorance comme étant le fait de ne pas voir et ne pas savoir ; nous n'avons pas une vision complète et claire de ce que nous sommes et de ce qu'est le monde. Nos actions, nos paroles, nos pensées sont dépendantes de ces différentes émotions : c'est de cette instabilité-là que nous parlons. À cause de cette instabilité émotionnelle, nous sommes largement dépendants des circonstances que nous rencontrons, ce qui nous met directement en fragilité.

Si nous combinons ces deux premiers aspects – notre déni de l'impermanence qui nous désarme face à l'imprévisible et nos réactions émotionnelles qui entravent notre clarté et notre discernement par rapport aux situations vécues –, cela nous amène à une profonde fragilité psychique.

Une des réponses apportées par le Bouddha face à cette fragilité est la méditation. Une des traductions possibles du terme « méditation » à partir du tibétain est « entraînement », ou « familiarisation ». La méditation est un moyen d'acquérir une autre connaissance de soi-même, d'établir une relation plus claire avec soi-même, et qui a pour objectif de nous amener à plus de quiétude. La méditation n'est pas seulement une relaxation, ou la recherche d'un mieux-être, ou encore une manière de mieux gérer le monde et nous-mêmes. Elle est un chemin qui nous permet une rencontre en profondeur avec nous-mêmes, une rencontre avec la réalité de notre être. La quiétude ou la pacification que procure la méditation n'aboutit pas à une forme d'encéphalogramme plat, une espèce de grand vide ; la méditation nous amène à un autre mode de connaissance de nous-mêmes et des autres et à un autre rapport à notre fragilité.

La réflexion sur l'impermanence conduit à une plus grande ouverture aux choses mais peut aussi générer de l'inquiétude. Face à l'autre et à sa fragilité, qu'il s'agisse d'une personne malade, ou en fragilité psychique, en fragilité sociale, en deuil, ce n'est pas le moment de l'inviter à méditer sur l'impermanence des phénomènes et des êtres ; ce n'est pas un discours que l'on tient pour l'autre, c'est un chemin que l'on parcourt soi-même.

Des qualités pour transformer la fragilité

Face à la fragilité de l'autre, le Bouddha nous invite à développer la compassion. Et s'il y a bien un point qui rassemble les différentes religions, aussi bien que les approches humanistes, c'est cette notion d'amour et de compassion. Il y aurait beaucoup à en dire, mais l'aspect qui, me semble-t-il, concerne vraiment la fragilité de l'autre, c'est la générosité. Elle consiste, d'un point de vue bouddhiste, à rassembler les circonstances qui vont permettre à l'autre de mieux vivre, de mieux faire face aux situations de vie, et d'utiliser cette fragilité dans le but de se libérer. La générosité, c'est ce qui donne à l'autre l'occasion de faire de sa fragilité un chemin.

À cela le Bouddha ajoute deux autres qualités essentielles, intimement liées à la générosité : l'éthique et la patience. Il n'y a pas d'amour ou de compassion sans éthique (une compassion sans éthique peut être dangereuse). Quant à la patience, elle est liée à la notion de durée. Répondre à la fragilité de l'autre demande d'installer une relation dans le temps. Par ailleurs, cette approche requiert un certain discernement, autre qualité importante à développer. Une fragilité sociale et économique n'appelle pas la même réponse qu'une fragilité psychique, ou une fragilité spirituelle. Les différentes formes de fragilité demandent différents types de réponses, à court terme, à moyen terme et à long terme. S'ouvrir à l'autre suppose de développer une compassion intelligente : une dimension de bienveillance fondée sur le discernement. Les deux fonctionnent ensemble. Cette démarche exige un profond courage. Aller à la rencontre de la fragilité de l'autre fait inévitablement écho aux miennes, à mes manques, à mes peurs, à mon instabilité, à ma vulnérabilité. Cela demande donc un certain courage. La traduction du mot « courage », à partir du tibétain, est « effort enthousiaste ». Il y a une énergie à pourvoir pour m'ouvrir à l'autre, ce n'est pas nécessairement quelque chose de naturel. Il est un proverbe himalayen qui dit : « L'eau coule toujours vers le bas ! » Cela signifie qu'avant que l'ouverture à l'autre soit quelque chose de naturel, cela demande un réel entraînement.

La façon dont le Bouddha nous invite à nous ouvrir à la fragilité de l'autre est fondée sur ces six qualités d'éveil : la *générosité*, le souhait de libérer l'autre de sa souffrance, l'*éthique*, la volonté d'arrêter de nuire à l'autre, la *patience*, la nécessité d'installer le soutien dans la durée, l'*effort enthousiaste*, le courage qui donne joie à ma démarche, la *méditation* qui permet la stabilité et, enfin, le *discernement*, une clarté de l'être qui se déploie tout au long du cheminement. Celui qui cultive ces qualités en lui se nomme le *bodhisattva*, le courageux qui accomplit des bienfaits pour les autres avec intelligence.

L'attitude du bodhisattva est fondée sur l'esprit d'Éveil, la *bodhicitta*. Le Bouddha nous explique qu'un acte prend du sens dès l'instant où il est bénéfique pour l'autre et bénéfique pour soi-même. Pas dans la perspective limitée d'un bien-être immédiat, nous l'avons tous compris, mais dans la perspective d'un cheminement et d'un mûrissement progressifs. L'attention précise à l'autre est naturellement bénéfique pour moi. Et le fait de prendre le temps de la méditation, de contempler l'impermanence et de stabiliser mon esprit est bénéfique pour les autres.

La voie bouddhiste révèle ce paradoxe : m'ouvrir à l'autre est bénéfique pour moi et là où je m'occupe de moi, c'est pour mieux m'ouvrir à l'autre. C'est une façon de montrer combien nous sommes interdépendants. C'est ce qui fait que le bouddhisme est un chemin de libération : me libérer de l'ignorance qui m'empêche de connaître la véritable nature des choses et, dans la mesure de mes possibilités, permettre à l'autre de se libérer des souffrances, des fragilités, des obscurcissements dans lesquels il se trouve.

Au bout du compte, la façon de vivre la fra gilité dépend du regard que l'on pose dessus. La fragilité n'est plus une fragilité, elle peut devenir une force. Comme nous rencontrons de toute façon les fragilités, les nôtres autant que celles des autres, l'enseignement du Bouddha nous propose d'en faire un matériau de transformation. Nous l'avons vu, cela demande de la générosité et de la patience, de l'éthique et du courage, de la stabilité et du discernement, mais avec les ressources justes et un accompagnement appropriés, être vulnérable devient un moyen de se transformer.

La dimension ultime : la vacuité

Le bouddhisme pourrait apparaître seulement comme un chemin humaniste, et la dimension spirituelle ne pas y apparaître véritablement. Or, le propos de l'enseignement du Bouddha est de réaliser la dimension ultime appelée «   ». C'est le cœur de l'enseignement du Bouddha. On pourrait l'appeler autrement : « plénitude », « vérité de l'être », « réalité fondamentale des choses »… Il s'agit de la dimension de non-dualité inhérente à chacun. Elle se dévoile au fil du chemin.

Fécondité de la fragilité

Un regard chrétien

Bernard Ugeux

L'épreuve de la fragilité peut être la plus douloureuse ou la plus féconde des expériences humaines. Dans certains cas, elle est destructrice car elle paralyse et prive des ressources personnelles, et parfois même de l'estime de soi, pour faire face à ses limites et à certaines diminutions physiques, mentales, spirituelles. Elle est alors vécue comme une négation de soi qui provoque la révolte et la rupture de la relation avec les autres et parfois avec Dieu. C'est parfois le rejet par les autres qui provoque cette réaction de fermeture. Dans d'autres cas, l'expérience de la fragilité est salutaire car elle révèle le besoin d'être en relation, la nécessaire solidarité pour progresser ensemble dans la vie, l'existence de ressources insoupçonnées dans nos profondeurs et dans notre entourage.

La fragilité dans la Bible

Ces différents aspects de l'expérience de la fragilité se retrouvent dans la tradition biblique. Déjà, dans le Premier Testament, les Psaumes évoquent aussi bien la révolte contre Dieu de la part de celui qui est victime de l'épreuve et qui se sent abandonné, que la confiance indéfectible en un Dieu qui ne laisse jamais le pauvre sans son aide. On y entend alors la louange et la joie de celui qui, du cœur même de sa pauvreté, se sait définitivement aimé et précieux pour son Créateur. En effet, l'Écriture dit que Dieu est sensible et répond toujours au cri des pauvres, comme le proclament les prophètes[1] : « Tu ne pleureras plus. Quand tu crieras Il te fera grâce. À peine aura-t-Il entendu qu'Il aura répondu. […] Tes oreilles entendront la voix qui dira derrière toi […]. Voici le chemin, prends-le » (Is 30, 19b-20) ; « Les humiliés et les indigents qui cherchent l'eau, mais vainement, et dont la langue sèche de soif, Moi, le Dieu d'Israël, Je leur répondrai […] Je ne les abandonnerai pas » (Is 41, 17).

1. Les psaumes 33 et 85, 5-7 nous disent que Dieu entend et répond au cri des petits.

Dans le Nouveau Testament, les Évangiles donnent la priorité aux plus fragiles. L'attitude du Christ est claire dans sa relation avec les malades, les pécheurs, les exclus de la société ou de la Loi, tout comme dans son accueil des femmes et des enfants. Il nous le rappelle à propos du Jugement dernier : les critères de la sainteté sont la compassion et la justice vis-à-vis des affamés, des assoiffés, des malades, des prisonniers, des étrangers (Mt 25). La parabole du bon Samaritain sert de référence constante dans l'Église depuis sa fondation pour rappeler la priorité à donner aux blessés de la vie, sans exclure personne de cette charité attentive et créative, quelle que soit l'origine du bénéficiaire. L'universalité de la miséricorde est ainsi proclamée : le prochain, c'est tout être humain qui a besoin de moi, qui m'en-visage, qui tourne vers moi son visage[1]. Le chrétien est donc un homme, une femme, de compassion et de justice (l'une ne pouvant aller sans l'autre).

Il existe ainsi dans la tradition chrétienne une attention particulière pour les plus fragiles (malheureusement pas toujours vérifiée dans nos communautés). Celle-ci juge une civilisation sur

1. Voir aussi Emmanuel Levinas.

la façon dont les plus vulnérables sont respectés et intégrés dans la société, dans le respect des différences. La conséquence en a été l'engagement des chrétiens non seulement dans la création d'hôpitaux et de congrégations au service de la santé et de l'éducation, mais aussi dans le combat contre les sources d'injustice à travers l'action sociale, économique et politique. L'Église s'est également exprimée dans l'élaboration d'un enseignement social et d'une éthique de la santé exigeants. Elle y rappelle que la seule réalité sacrée en christianisme, à part Dieu lui-même, c'est l'être humain. Il a non seulement été créé à l'image comme à la ressemblance de Dieu, mais le Christ est mort et ressuscité pour lui, afin qu'il ait la plénitude de la vie. Il existe un cantique chrétien qui dit : « Qui donc est Dieu qu'on peut si fort blesser en blessant l'homme. » C'est pourquoi la vie humaine est protégée depuis sa conception jusqu'à la mort naturelle.

L'épreuve de la souffrance

L'expérience de la fragilité est aussi souvent la confrontation avec la souffrance et la finitude, avec nos failles, nos limites, les blessures de la vie. Souvent, la souffrance psychique est vécue plus difficilement par la personne et par son entourage à cause de la grande difficulté à la diagnostiquer et à la soigner, à cause des rechutes et des nombreux impondérables.

Or même si Dieu peut faire naître du bien d'une épreuve grave, celle-ci est vécue la plupart du temps comme un mal. C'est pourquoi il faut être prudent quand on parle de la volonté et de la toute-puissance de Dieu à une personne souffrante. Autant quelqu'un qui a traversé positivement une épreuve peut témoigner que celle-ci a été une grâce pour lui, s'exprimant *après* cet événement et *à la première personne*, autant il est insupportable de déclarer d'emblée et pour un autre que, par exemple, telle maladie est une grâce que Dieu lui enverrait. Si l'on est plus vigilant aujourd'hui à ce propos, il reste que dans un imaginaire collectif largement partagé, les épreuves sont dites envoyées par Dieu ou, tout au moins, permises alors qu'il aurait pu nous les éviter. En outre, à certaines époques, la souffrance a été présentée comme un bien à rechercher, comme une preuve d'amour de Dieu pour nous, un moyen d'obtenir le pardon. Comme si le salut devait être mérité et payé ! Pourtant, le Christ dit bien : « Venez à moi, vous tous qui peinez sous le fardeau.... »

C'est pourquoi il existe souvent un climat dramatique de culpabilité ou de victimisation autour de l'épreuve : ou bien je crie comme Job que je suis victime d'une injustice (« Qu'est-ce que j'ai fait au bon Dieu... »), ou bien je reproche au Dieu tout-puissant de ne pas être amour, de ne pas être fidèle à sa parole ou d'être incompréhensible. Pour certains alors, l'épreuve marque le basculement dans un refus définitif de Dieu, dans l'agnosticisme ou dans l'athéisme.

Cette épreuve est aussi bouleversante pour les chrétiens que pour les autres. Car ils n'ont pas d'explication à l'énigme du mal et la souffrance n'a pas de valeur en soi. La Bible ne dit pas *pourquoi* il y a du mal, elle constate qu'il existe du mal et que l'homme use souvent maladroitement de sa liberté face à la tentation. Elle disculpe Dieu comme origine du mal, mais elle laisse l'homme fasse à ce mystère insondable dont il n'aura pas la réponse ici-bas. Pourtant, si les chrétiens n'apportent pas d'*explication* au mal, ils ont une *réponse* aux conséquences de ce mal (que celui-ci vienne de l'homme ou de la nature) : ce sont les attitudes de compassion, de solidarité, de justice, de proximité aimante. Ces réponses, ils les trouvent en Dieu lui-même, un Dieu qui se nomme amour et ne laisse personne sans sa grâce.

Quelle toute-puissance de Dieu ?

Sans doute peut-on parler de la toute-puissance de Dieu dans le sens que celui-ci est à l'origine de toute vie et qu'il la maintient dans l'être, dans une création continue. En outre, nous croyons qu'il récapitulera toute chose à la fin des temps (Co 1). Mais en ce temps qui est celui de notre histoire, sa toute-puissance s'incline devant la liberté humaine et les lois d'une nature qui est en évolution constante. Dieu ne manipule pas les événements et n'envoie pas bonheur et malheur plus ou moins arbitrairement sur les uns et les autres, récompensant ou punissant les générations au fil des ans. Ce n'est pas ce Dieu-là que Jésus-Christ est venu révéler. La première guérison dont ont besoin nombre de chrétiens écrasés par leur fragilité, c'est celle de leurs représentations de Dieu, qui les coupent de lui au moment où ils ont le plus besoin de sa proximité.

Dès la Genèse (2-3), nous voyons que Dieu s'inquiète de la disparition d'Adam qui cache sa honte après avoir tenté de prendre sa place. Ce Dieu qui nous cherche, qui vient sans cesse à nous qui sommes parfois fascinés par le mal et par notre péché, n'intervient pas avec toute-puissance. Il frappe à la porte et il attend notre réponse (cf. Ap 3,20). Cela ne signifie pas pour autant qu'il est impuissant, mais il ne peut que s'offrir, ne nous privant jamais de sa grâce, et nous demande de collaborer librement avec lui dans le salut et la libération qu'il nous apporte. Le sommet de ce salut et de cette libération, pour les chrétiens, c'est son Fils lui-même qui l'a apporté en vivant totalement notre réalité humaine. Le visage de Dieu qui s'est ainsi révélé en Jésus-Christ est celui de la vulnérabilité.

Nous avons sans doute expérimenté que, dans la vie, le plus difficile n'est pas tant d'aimer que de se laisser aimer. Il y a tant de résistances en nous à accepter l'amour des autres, tant d'images négatives que nous portons de façon plus ou moins consciente, tant d'obstacles à accueillir la tendresse sans chercher à la mériter. C'est la même chose vis-à-vis de Dieu, d'où notre difficulté à le louer devant l'émerveillement du don gratuit de notre vie.

C'est pourquoi personne ne peut rendre un autre heureux. Nous ne pouvons qu'offrir ce que nous pensons être le meilleur pour l'autre, mais la réception de notre amour ne dépend pas de nous. C'est la vulnérabilité que vivent les conjoints, les parents, les soignants, les amis… C'est aussi la vulnérabilité de Dieu. Que pouvait-il nous donner comme preuve supplémentaire d'amour en plus de sa vie livrée et du pardon à ses bourreaux ? La Bonne Nouvelle est que, même si nous expérimentons encore aujourd'hui bien des souffrances, le péché, le mal et la mort n'auront pas le dernier mot. Déjà, le salut nous est donné. À nous de l'accueillir et d'en vivre, à nous d'accepter d'être aimés à ce point, à nous de consentir à nous laisser aimer malgré toutes nos résistances et nos limites. Alors la puissance guérissante de Dieu se libère en nous et son Esprit peut nous renouveler de fond en comble.

La responsabilité de l'Église

C'est ici que l'Église en tant que communauté fraternelle est invitée à donner la première place aux plus fragiles. Au cœur de nos combats intérieurs et de nos doutes au moment de la souffrance, nous avons besoin à un moment ou un autre de compagnons de route, de frères et de sœurs qui cheminent avec nous dans la tendresse, s'engagent avec nous pour notre libération ou notre réconciliation[1]. Quand j'interviens pour la pastorale de la santé, je suis toujours impressionné par la fidélité, la créativité, la disponibilité des chrétiens qui donnent ainsi de leur temps aux plus isolés, que ce soit les familles des personnes en difficulté ou les visiteurs de malades. Ils offrent ainsi une icône de la tendresse du Père qui entend le cri du pauvre. C'est aussi le cas dans les nouvelles communautés ecclésiales qui mettent l'accent sur l'accueil des exclus et sur les charismes de compassion et d'intercession. Mais j'ajoute aussitôt que l'Esprit est à l'œuvre dans tous les cœurs de bonne volonté, car j'ai rencontré, chez les soignants que je forme, énormément de dévouement dans des

1. Dans tous les sens de ces termes, c'est-à-dire aux plans personnel, communautaire, national… La guérison et la réconciliation sont nécessaires à tous les niveaux. J'ai la chance de travailler depuis des années avec une unité de recherche du Conseil œcuménique des Églises qui lie l'annonce de la Bonne Nouvelle à l'engagement des communautés chrétiennes pour la guérison et la réconciliation dans ce sens élargi.

conditions de travail de plus en plus précaires. Comme le dit saint Jean : « Là où est l'amour, Dieu est présent » (1 Jn 14,16).

Enfin, n'oublions pas le secours qu'apportent la liturgie et les sacrements, particulièrement ceux de l'eucharistie, de l'onction des malades et de la réconciliation, qui peuvent aussi être des moments de prière communautaire de grande importance et de célébration de l'amour miséricordieux du Seigneur pour les plus petits.

Fécondité de l'expérience de la fragilité

Ce qui pousse à revendiquer le droit d'être fragile, sans pour autant s'identifier à sa fragilité comme dans un alibi, ce n'est pas seulement le souci de protéger ceux qui ont moins de défense dans une société où domine la performance.

C'est aussi parce que nous avons éprouvé jusque dans notre propre chair l'enrichissement qu'apportent ceux qui sont plus fragiles. Leur façon différente d'approcher la vie, et de nous en parler, la manière dont l'épreuve les a parfois ramenés à l'essentiel leur permettent de susciter le meilleur en nous, même si c'est parfois au terme d'un combat avec ce qui est le plus obscur en nous. Souvent, ils nous humanisent, ils nous invitent à visiter notre fragilité, et nous révèlent notre propre vérité, avec nos richesses et nos limites face à l'épreuve. Nous y touchons la vérité dont le Christ dit qu'elle nous rendra libres et féconds. C'est à l'occasion d'un stage dans une Arche de Jean Vanier que j'ai le mieux ressenti la vie jaillir du dépouillement le plus profond.

Par ailleurs, nous pouvons nous réjouir d'avoir tous, à un degré ou un autre, une part de fragilité en nous. C'est elle qui fait de nous des êtres de relation. L'expérience de la fragilité reste fondatrice en anthropologie chrétienne. C'est alors que nous prenons conscience que nous ne sommes que des créatures, que nous ne sommes pas Dieu. Cependant, nous sommes parfois tentés de prendre la place de Dieu, de jouer au Sauveur. En effet, nous ne nous engagerions pas à aider les autres si nous n'avions pas envie de les libérer de leur souffrance, ou tout au moins de les apaiser. Tentés par la toute-puissance, nous faisons cependant l'expérience de notre propre fragilité et parfois de notre impuissance à soulager.

Alors nous devons bien reconnaître que nous sommes des êtres en devenir, c'est-à-dire avec des espaces de fragilité différents selon les âges de la vie. La première fragilité est celle du nourrisson, précédée par celle de l'embryon, du fœtus. Ensuite, il y a les étapes de notre vie où, découvrant nos limites, nous prenons conscience d'autres richesses en nous, de ressources profondes dans lesquelles le renoncement à la toute-puissance d'une réussite personnelle nous invite à puiser. Nous découvrons alors qui nous sommes vraiment, des enfants bien-aimés de Dieu qui ne sont jamais abandonnés à leur solitude ni identifiés à leur limite ou à leur péché.

C'est alors que l'expérience de la fragilisation – en nous ou dans notre entourage – devient une extraordinaire occasion de vivre une démarche spirituelle. Nul, s'il n'est comme un enfant, ne peut entrer dans le Royaume de Dieu, nous dit le Christ. Nous expérimentons à la fois la paternité maternelle de Dieu et l'universalité de la fraternité humaine dans l'épreuve. Car il existe une solidarité bouleversante entre les souffrants ou entre ceux qui ont traversé de grandes épreuves. Transformés par celles-ci, si elles ont pu être vécues positivement, ils découvrent alors une fécondité humaine et parfois spirituelle qui fait d'eux des lumières pour leur entourage. C'est vers ceux qui ont traversé la fragilité que se tournent les enfants, les personnes handicapées, ceux qui sont dépressifs. Car il y a un feu et une source dans le cœur de ceux et celles qui, ayant subi l'épreuve les yeux fixés sur le Christ, ont appris de lui le consentement à la réalité et la gratuité de l'amour. Ainsi humanisés en profondeur et donc transfigurés, ils deviennent des signes témoignant que c'est l'amour qui aura le dernier mot. En effet, la fragilité nous invite à accepter : nous accepter, accepter la vie, nous entraider dans l'épreuve.

Les personnes fragiles nous invitent à les aimer dans leur fragilité et au-delà de leur fragilité, à accepter le don d'amour qu'ils nous font en nous invitant à nous ouvrir à cette dimension de l'Amour de Dieu, un Amour sans attente, juste le don, dans la démaîtrise.

L'attention soufie à la fragilité

Éric Geoffroy

Il faut partir des sources scripturaires de l'islam (le Coran, et la Tradition du prophète Muhammad) pour mettre au jour cette dimension spirituelle, cette voie intérieure qu'est le soufisme. Il est dit dans la sourate 4 verset 28 : « Dieu veut alléger votre charge, vos difficultés, sachant bien que l'homme a été créé faible. » Il y a là une notion étymologique de faiblesse, de fragilité. D'emblée, l'homme est posé comme étant faible, à tous les niveaux de l'être. Cette faiblesse s'inscrit dans le cours de la vie. Ainsi, en Coran 30,54, il est dit : « Dieu vous a d'abord créés faibles, puis Il a fait succéder la force à la faiblesse [l'âge mûr], pour vous réduire ensuite à la faiblesse et à la vieillesse. » C'est le parcours de la vie.

J'en arrive à la vie du Prophète et de ses Compagnons. Au début de la Révélation, ceux-ci étaient extrêmement fragiles et vulnérables, car l'aristocratie mecquoise – la propre famille du Prophète – s'acharnait contre eux. Dans ce contexte délicat, il est affirmé dans le verset 8, 26 : « Souvenez-vous, lorsque vous étiez peu nombreux et affaiblis sur cette terre [La Mecque], Dieu vous a accordé un refuge. » Souvenons-nous que le Prophète est un orphelin, en situation de faiblesse donc. Bien qu'il soit issu d'un clan de grands notables de La Mecque, ses propres oncles vont dénier sa prophétie et le persécuter. C'est cette faiblesse première de l'islam qui va amener le Prophète à envoyer ses Compagnons chez le Négus, roi chrétien d'Abyssinie. C'est un roi chrétien qui va abriter les premiers musulmans pourchassés par l'aristocratie guerrière, hautaine, de La Mecque ! Dans cette perspective, le Prophète disait : « L'islam a commencé en étant étranger [c'est-à-dire étranger au monde], et il redeviendra étranger. Bienheureux les étrangers ! »

Le secours de Dieu est proportionnel à la fragilité de l'homme. Je prends ici l'exemple de la bataille de Badr, qui eut lieu en 624, après que le Prophète se fut réfugié à Médine. Les musulmans ont dû se battre contre les Mecquois, beaucoup plus nombreux : trois cents d'un côté, plus de mille de l'autre. Le Prophète s'adressa alors à Dieu en ces termes : « Si Tu ne sauves pas ce groupe [il parlait des premiers croyants], Ton message sera à jamais perdu ! » Puis il prit une poignée de cailloux, et la lança symboliquement – au sens fort du terme – en direction de l'ennemi. Selon la tradition islamique, cet acte modifia miraculeusement le cours du combat en faveur des musulmans. Le Coran fait écho à ce fait en 8, 17 : « Ce n'est pas toi qui lançais, lorsque tu as lancé, mais Dieu ! » Cela signifie : c'est grâce à ta faiblesse même, à ta transparence à l'Être divin, que Dieu a pu agir dans le cours de l'histoire. En effet, si la bataille de Badr avait été perdue, si ce premier groupe de fidèles, qui ne s'appelaient pas encore musulmans, avait été défait, l'islam historique n'aurait peut-être pas eu lieu. C'est donc là toute la voie spirituelle qui est en filigrane, ce qu'on appelle la *'ubûdiyya*, la pure servitude, au sens spirituel bien sûr, à l'égard de Dieu : c'est en prenant conscience de mon impuissance que Dieu me rend puissant. Il y a beaucoup de paroles du Prophète et de sagesses qui vont en ce sens. Le Prophète disait que Dieu lui avait donné le choix d'être un prophète « serviteur » (*'abd*), ou bien d'être un prophète roi comme David ou Salomon. Il aurait répondu qu'il voulait être un prophète serviteur.

Ce thème est en harmonie avec une éthique coranique très affirmée, qui oppose les faibles, les humiliés (*al-mustad'afûn*), aux puissants enflés d'orgueil (*al-mustakbirûn*). Qui sont ces catégories de faibles, de fragiles mentionnés dans le Coran ? Cela revient à plusieurs reprises : il s'agit des orphelins – rappelons-nous que le prophète est orphelin –, des indigents, des pauvres, des étrangers, des mendiants et des captifs. Le verset 2, 177 dit en ce sens : « La vertu [ou la piété] ne consiste pas à tourner le visage vers l'Orient ou vers l'Occident, mais elle consiste à croire en Dieu au Jour dernier, à Ses écritures et à Ses prophètes ; à donner, malgré la cupidité naturelle de l'homme, du bien à ses proches, aux orphelins, aux indigents, aux voyageurs, aux mendiants ou bien à racheter des esclaves. »

Une autre catégorie de faibles, d'êtres fragiles, ce sont les parents : le Coran revient à plusieurs reprises sur cette dette ontologique qu'ont les enfants à l'égard des parents. Il suffit de citer cet extrait (verset 17, 23-24) : « Ton

Seigneur a prescrit la bonté à l'égard de vos pères et mères. S'ils atteignent auprès de toi le seuil de la vieillesse, ne les repousse pas mais tiens-leur des propos respectueux. Incline vers eux par miséricorde l'aile de l'humilité et dis : "Seigneur, sois miséricordieux envers eux comme ils l'ont été envers moi lorsqu'ils m'ont éduqué enfant." » C'est tout au long de la chaîne de la vie que l'on rencontre la faiblesse. Le Prophète disait : « Ne fait partie de nous [c'est-à-dire : ne suit pas notre enseignement] ni celui qui ne respecte pas les personnes âgées ni celui qui n'a pas de miséricorde pour les petits [ou les enfants]. »

Parmi les êtres faibles devant l'homme, il faut mentionner les animaux, qui partagent avec l'homme l'âme vitale (*rûh*). L'animal a un statut très particulier, privilégié, en islam, mais les musulmans l'ignorent souvent.

Ainsi, le Coran nous enseigne qu'il faut avoir conscience qu'il y a des opprimés sur terre et que cela peut être tantôt à l'échelle mondiale, internationale, tantôt à l'échelle d'une fratrie, d'une famille, ou encore dans le couple. Cette éthique a produit ce que l'on appelle de nos jours la « théologie islamique de la libération ».

Celle-ci est inspirée en partie de la théologie chrétienne de la libération, tout en étant orientée différemment. La théologie islamique de la libération, et c'est là son principal apport, opère un retournement de perspective dans la vision complexée, acculturée, que certains musulmans ont de leur religion : ce n'est pas l'islam qui aliène les hommes, explique-t-elle, c'est au contraire l'ignorance de ses vraies valeurs, très prégnante dans les sociétés « musulmanes » modernes, laquelle a produit une *inversion* entre le message de l'islam et sa réception dans ces sociétés. L'islam initial avait une réelle vocation révolutionnaire, et il importe de la réactiver pour répondre aux défis posés par les nouveaux contextes civilisationnels. Sur le plan doctrinal, cette théologie présente l'intérêt d'ériger le principe islamique de l'unicité (*tawhîd*) en facteur d'émancipation : il y a une dialectique évidente entre l'unicité de Dieu et l'adoration absolue qui lui est due d'une part, et le rejet de toutes les formes d'idolâtrie qui asservissent l'homme d'autre part[1].

1. Sur la « théologie islamique de la libération », je renvoie à mon ouvrage *L'islam sera spirituel ou ne sera plus*, Le Seuil, 2009.

Un exemple historique récent, qui est souvent méconnu en Europe je pense, c'est le rôle qu'ont joué certains musulmans en Afrique du Sud contre l'apartheid. L'autre aspect, qui est plus caricatural, et très idéologique, mais qu'il faut quand même mentionner, c'est lorsqu'un Kadhafi a financé l'IRA ou l'ETA. Dans son esprit, il s'agissait de libérer les peuples, car c'est là l'une des missions de l'islam. De nos jours, on l'entend souvent, l'islam serait la seule force morale qui puisse tenir tête à l'impérialisme américain. Cet aspect frondeur, les islamistes le brandissent souvent.

Le christianisme serait-il essentiellement fondé sur la charité, et l'islam sur la justice ? À ce propos, il faut méditer le *hadîth qudsî* suivant[1] :

> Ô Mes serviteurs, en vérité Je Me suis interdit l'injustice à Moi-même et Je l'ai déclarée interdite entre vous. Ne vous causez donc point de torts !
>
> Ô Mes serviteurs, chacun de vous est égaré, sauf celui que J'ai guidé ; demandez-Moi donc de vous guider, et Je vous guiderai !

1. Le *hadîth qudsî* est un « propos saint » rapporté par le Prophète, qui ne fait pas partie du Coran ; Dieu y parle toujours à la première personne du singulier, sur le ton de la confidence.

> Ô Mes serviteurs, chacun de vous est affamé, sauf celui que J'ai nourri. Demandez-Moi donc de vous nourrir et Je vous nourrirai !
>
> Ô Mes serviteurs, chacun de vous est nu, sauf celui que J'ai vêtu. Demandez-Moi donc le vêtement, et Je vous vêtirai[1] !

Il y a un thème coranique voisin de la faiblesse et de la fragilité, c'est celui de la pauvreté, y compris dans sa dimension spirituelle : la pauvreté peut être tantôt subie, tantôt assumée, voire désirée. Rappelons d'abord que l'islam et, au sein de l'islam la voie spirituelle, le soufisme sont basés sur le *tajrîd*, c'est-à-dire sur le dépouillement. On peut s'en rendre compte en contemplant l'art islamique, art abstrait qui interdit toute représentation divine. En principe, une mosquée doit inspirer le dépouillement, car ce n'est pas un temple. Le Prophète a défini la terre entière comme une une « mosquée pure ». Sur le plan spirituel, le dépouillement exprime la pauvreté, l'indigence ontologiques de l'être humain. Selon le Coran, Dieu est le riche et les hommes les pauvres. Il

1. Traduction de M. Vâlsan ; cf. Ibn 'Arabî, *La Niche des Lumières*, Éditions de l'Œuvre, 1983, p. 18.

ne faut pas se placer ici sur un plan moral, mais métaphysique : dans le soufisme, la créature, en définitive, est pur néant, et c'est en cela qu'elle est pauvre. Dieu, riche de son « Être » (*wujûd*), investit donc le néant, pauvre sur le plan existentiel.

Illustration plus pratique : le Prophète était pauvre matériellement, dans son foyer, parfois on se mettait une pierre sur l'estomac parce qu'on ne mangeait pas tous les jours ; il demandait à être ressuscité parmi les pauvres et l'on sait qu'il s'occupait des pauvres et des malades. On a l'exemple d'une femme diminuée sur un plan psychique ou intellectuel, et qui demandait parfois au Prophète de venir s'asseoir avec elle au bord de la route ; le Prophète obtempérait, et allait s'asseoir dans la poussière au bord de la route pour écouter cette femme : elle lui disait peut-être des choses insensées, mais il savait lui répondre.

Face à cette fragilité et à cette indigence, il y a plusieurs niveaux de réponse. Le plus important est sans doute la notion de miséricorde (*rahma*) ; cela revient constamment en islam. Chaque sourate du Coran est introduite par la miséricorde divine : *Bismillah ar-Rahman ar-Rahim*, « Au nom de Dieu, le Tout-Miséricordieux, le Très-

Miséricordieux ». Cela évoque beaucoup la compassion bouddhiste. Au niveau étymologique de la langue arabe, la miséricorde est la matrice qui enveloppe tout ce qu'on fait pour l'humanité, tout ce qui fait vivre la création. Nous provenons de cette matrice divine qu'est la miséricorde et nous y serons résorbés. « Ma miséricorde enveloppe toute chose », est-il dit dans le Coran. Cette miséricorde laisse apparaître Dieu dans son versant féminin. On rapporte que le Prophète passait un jour avec des Compagnons, ses disciples, auprès d'une femme en train d'allaiter. Il leur dit alors que Dieu, au jour du Jugement, serait plus miséricordieux avec les créatures que cette femme ne l'était avec son bébé. Tout vient de la miséricorde et tout y retourne. C'est pour cela que certains oulémas et soufis affirment qu'il n'y a pas d'enfer éternel. La miséricorde est capitale pour le pécheur parce que cela l'amène à conscientiser les choses. Le Prophète y revenait souvent : « Faites miséricorde à ceux qui sont sur terre, disait-il, alors ceux qui sont au ciel vous feront miséricorde. » Faites miséricorde à ceux qui sont sur terre : pas seulement aux hommes, mais à tous les règnes, minéral, végétal, animal et aussi aux créatures invisibles.

Il existe aussi une anecdote à propos du Prophète. Celui-ci eut plusieurs enfants mâles décédés en bas âge, dont un qui s'appelait Ibrahim, Abraham. Lorsque le Prophète l'enterra avec ses Compagnons, il pleura. Le Prophète pleurait souvent et il disait : « Pleurez, et si vous ne pouvez pas pleurer, efforcez-vous de pleurer ! » Donc le Prophète pleura, et ses Compagnons lui dirent : « Comment, toi, l'homme de Dieu, le Prophète, tu pleures ? » Et il répondit qu'il était un prophète, mais qu'il était un homme aussi, et que c'était cela la miséricorde.

Le soufisme s'efforce, quant à la question du rapport entre force ou faiblesse, puissance ou vulnérabilité, de dépasser les oppositions. Tant qu'on reste dans ces antithèses, on n'avance pas et ce n'est que dans leur dépassement qu'on peut trouver la stabilité. Je prends l'exemple d'un thème soufi, symbolique, qui désigne l'homme accompli comme étant l'homme aux *deux yeux* : un œil – l'œil droit – est dans l'unicité, dans la puissance que donne Dieu, dans cette énergie que donne Dieu, aux saints ou aux fidèles ; et l'autre œil est dans la multiplicité dans ce qu'elle a de plus fragile. L'être humain réalisé doit avoir cette vision simultanée des deux yeux.

Il existe une autre anecdote assez parlante : le Prophète embrasse un jour ses petits-enfants. Arrive un bédouin qui lui dit : « Chez nous, cela ne se fait pas », et le Prophète de lui répondre : « Celui qui ne fait pas miséricorde, il ne lui sera pas fait miséricorde. » Donc il faut reconnaître Dieu chez le faible et chez l'indigent. Dans un autre *hadîth qudsî*, Dieu dit aux fils d'Adam : « J'étais malade et tu ne M'as pas visité », l'homme va répondre : « Seigneur, comment T'aurais-je visité alors que Tu es le seigneur du monde ? » Dieu lui répond : « Ne sais-tu pas que tel de Mes serviteurs est tombé malade ? Or tu ne l'as pas visité, et ne sais-tu pas que si tu l'avais visité, tu M'aurais trouvé auprès de lui ? Au fil des ans, Je t'ai demandé à manger et tu ne M'as pas nourri », etc. Toujours la même thématique : trouver Dieu dans l'immanence la plus immédiate et surtout dans l'homme.

Autre niveau, plus social, qui découle du précédent : il s'agit de la solidarité, qui s'inscrit parmi les piliers de l'islam, c'est la *zakât*, la taxe de solidarité, qui, selon l'étymologie du mot, implique purification. Le riche se purifie en donnant aux plus pauvres, il est donc solidaire.

Pour l'islam, il y a une solidarité ontologique entre les êtres, puisqu'il n'y a rien dans la création qui soit autonome. Nous n'existons pas en tant qu'entités autonomes, corporelles, nous sommes le fait d'un immense tissu, un réseau de relations, et là on rejoint la physique quantique la plus élaborée : il y a une interdépendance complète entre tous les hommes, entre Dieu et les hommes, une solidarité entre Dieu unique et la création, solidarité entre les humains, et solidarité à tous les niveaux de l'être, notamment avec tous les autres règnes. D'où l'écologie de l'islam, mal connue des musulmans eux-mêmes. Cette solidarité est très large. Le Prophète disait : « Toute la création est la famille de Dieu. » La vie est un infini tissu, réseau où tout est interdépendant. Les soufis anciens l'ont dit : la matière n'existe pas, c'est l'énergie qui relie les êtres entre eux.

À propos du soufisme, l'engagement même dans la voix soufie revient à une mise en fragilité. Pourquoi ? Parce qu'elle consiste à déconstruire, démolir toutes nos illusions, toutes nos constructions, toutes nos explications, et là on est assez proche du bouddhisme, c'est-à-dire qu'il faut casser les agrégats qui paraissent nous constituer. Le maître vous déshabille parce qu'il n'y a que dans la nudité qu'on peut construire un habit de pudeur et en même temps de vérité. Donc la voie elle-même est mise en fragilité, cela fait partie des règles du jeu. Si on ne fait pas cela, cela veut dire qu'on reste dans sa carapace sociale et qu'on n'accepte pas cette mise à nu. Les maîtres mettent à l'épreuve, parfois très durement. Un grand soufi marocain issu de l'aristocratie de Fès a dû, pour être disciple, transporter des oignons pendant plus d'un an, revêtu d'une bure complètement rapiécée, en plein souk, pour se faire humilier. Il ne s'agissait pas du tout de l'humilier en tant que personne humaine, mais il fallait que l'ego ploie, qu'il prenne conscience de ce qu'il est, ni plus ni moins. Le summum, c'est lorsqu'un maître spirituel montre sa propre fragilité.

Pour finir, je dirai que la prise en charge de la fragilité devrait s'inscrire dans un dépassement de soi-même ; c'est ce qu'on appelle en islam la *futuwwa*, qui désigne à la fois l'esprit chevaleresque, le don de soi, la générosité, l'altruisme... Le fondement coranique en est (verset 76, 8) : « ... Nourrir l'indigent, l'orphelin, et le captif *en dépit de son propre dénuement.* »

Par une sorte d'alchimie spirituelle, mon dénuement matériel va être compensé par Dieu, et devenir une richesse spirituelle. Mais pour parvenir à cela, il faut qu'un travail suffisant sur l'ego ait été mené.

Présentation des auteurs

Marie Balmary est psychanalyste, spécialiste des religions, de la Bible et de la théologie antique grecque. Elle a notamment écrit : *Le Sacrifice interdit, Freud et la Bible* (Grasset, 1986) ; *La Divine Origine : Dieu n'a pas créé l'homme* (Grasset, 1993) ; *Abel ou la traversée de l'Éden* (Grasset, 1999) et *Le Moine et la Psychanalyste* (Albin Michel, 2005).

Lytta Basset est philosophe et théologienne protestante, professeur titulaire à l'université de Neuchâtel en Suisse. Parmi ses ouvrages : *Guérir du malheur* (Albin Michel, 1999) ; *Le Pouvoir de pardonner* (Albin Michel, 1999) ; *Moi, je ne juge personne : l'Évangile au-delà de la morale* (Albin Michel, 2003) ; *Culpabilité, paralysie du cœur* (Labor et Fides, 2003) ; *La Joie imprenable* (Albin Michel, 2004) ; *Sainte colère : Jacob, Job, Jésus* (Bayard, 2006) ; *Au-delà du pardon : le désir de tourner la page* (Presses de la Renaissance, 2006) et *Ce lien qui ne meurt jamais* (Albin Michel, 2007).

Xavier Emmanuelli est médecin, écrivain, et directeur du Samu social. Il a été le cofondateur de Médecins sans frontières en 1971, le fondateur du Samu social en 1993, du Samu social international en 1998, et secrétaire d'État chargé de l'Action humanitaire d'urgence (mai-juin 1997). Il est l'auteur de : *L'homme n'est pas la mesure de l'homme* (Presses de la Renaissance, 1999) ; *J'attends Quelqu'un* (Albin Michel, 2000) ; *Dernier avis avant la fin du monde* (Albin Michel, 2000) ; *Les Prédateurs de l'action humanitaire* (Albin Michel, 2000) ; *Célébration de la pauvreté. Regards sur saint François d'Assise*, avec Michel Feuillet (Albin Michel, 2000) ; *La Fracture sociale* (PUF, coll. « Que sais-je ? », 2002) ; *Un homme en état d'urgence* (Hachette, 2005).

Éric Geoffroy est islamologue, spécialiste du soufisme et des enjeux de la spiritualité dans le monde contemporain. Il enseigne à l'université Marc-Bloch de Strasbourg, à l'université catholique de Louvain et à l'Institut international de la pensée islamique de Paris. Parmi ses ouvrages :

L'Instant soufi (Actes Sud, 2000) ; *Jihad et contemplation, vie éternelle, enseignement d'un soufi* (Éditions Al-Bouraq, 2004) ; *La Sagesse des maîtres soufis* (Grasset, 1998) , *Initiation au soufisme* (Fayard, 2003) ; *Soufisme, la voie intérieure de l'islam* (Points, 2009) ; *L'islam sera spirituel ou ne sera plus* (Le Seuil, 2009).

Jean-Marie Gueullette est théologien, directeur du centre interdisciplinaire d'éthique, à l'université catholique de Lyon. Il est l'auteur aux Éditions du Cerf de : *Laisse Dieu être Dieu en toi. Petit traité de la liberté intérieure* (coll. « Épiphanie », 2002) ; *L'Amitié, une épiphanie* (coll. « Recherches morales », 2004) ; *Reste auprès de moi, mon frère. Vivre la mort d'un ami* (coll. « Épiphanie », 2004) et *Ces femmes qui étaient mes sœurs. Vie du père Lataste, apôtre des prisons* (2008).

Elena Lasida est maître de conférences à l'Institut catholique de Paris, où elle dirige le master économie solidaire et logique du marché. Elle est par ailleurs chargée du chantier développement durable à Justice et Paix-France. Dans les publications de Justice et Paix, qu'elle a dirigées : *Entre croissance et décroissance, quelle place pour le développement ?* (à paraître) et *Notre mode de vie est-il durable ?* (Karthala, 2005).

Lama Puntso est moine et enseignant bouddhiste, responsable de Dhagpo Kagyu Ling à Bordeaux (communauté urbaine d'étude et de méditation bouddhistes), responsable d'Échanges et Action (groupe de réflexion sur l'accompagnement, la vie professionnelle et l'éducation à la lumière du bouddhisme). Il a participé à l'ouvrage collectif : *La Quête du sens* (Albin Michel, coll. « Espaces libres », 2004).

Bernard Ugeux est missionnaire d'Afrique, professeur à la faculté de théologie de l'Institut catholique de Toulouse. Il est l'auteur de : *Guérir à tout prix ?* (Éditions de l'Atelier, 2000) ; *Retrouver la source intérieure* (Éditions de l'Atelier, 2001) ; *Traverser nos fragilités* (Éditions de l'Atelier, 2006) ; *Celui qui est chrétien et celui qui ne l'est plus*, avec André Rulmont (DDB, 2009) et *Vivre de tout son être. Pour une spiritualité chrétienne incarnée* (Presses de la Renaissance, 2009).

Jean Vanier est le fondateur de L'Arche, des communautés d'accueil pour les personnes ayant un handicap mental. Écrivain, il est l'auteur de *Toute personne est une histoire sacrée* (Plon, 1999) ; *Recherche la paix* (Le Livre ouvert, 2003) ; *Dépression* (Le Livre ouvert, 2005) ; *Entrer dans le mystère de Jésus* (Bayard, 2005) ; *Accueillir notre humanité* (Presses de la Renaissance, 2007) ;

Le Goût du bonheur (Presses de la Renaissance, 2007) ; *Lettres à des amis* (Le Livre ouvert, 2008) et *La Communauté, lieu du pardon et de la fête* (Fleurus, 1998).

Fédération de L'Arche en France

39, rue Olivier-de-Serres
75015 Paris
Tél. : 01 45 32 23 74
www.arche-france.org

Institut de science et de théologie des religions (ISTR),

Institut catholique de Toulouse
31, rue de la Fonderie – BP 7012
31068 Toulouse Cedex 7
Tél. : 05 61 53 96 02
www.ict-toulouse.fr

Table

DANS LA MÊME SÉRIE

Le Sacré, cet obscur objet du désir ?
avec Marie Balmary, Jalil Benani,
Dany-Robert Dufour, Jean-Claude Guillebaud,
Jean-Michel Hirt, Ysé Tardan-Masquelier
et Georges Zimra

L'Art, un miroir du sacré ?
avec Maurice Arama, Souâd Ayada, Michael Barry,
Ziad Dalloul, Renaud Ego, Nicole de Pontcharra,
Daryush Shayegan, Amina Taha Hussein-Okada

Composition Nord Compo
Impression CPI Bussière en septembre 2009
à Saint-Amand-Montrond (Cher)
Editions Albin Michel
22, rue Huyghens, 75014 Paris
www.albin-michel.fr